JN194370

取り戻そう日本人の自立心

アメリカの戦後支配と日本国憲法

小西晟市
Konishi Seiichi

花乱社

しき嶋のやまとごゝろを人とはゞ
朝日に匂ふ山ざくら花

本居宣長
（国学者。一七三〇〜一八〇一年）

はじめに

わが国は二千有余年の歴史を有し、その中で幾多（いくた）の時代の大変革を経て今日に至っているけれども、一般大衆が変革の主体になったことはない。近代の曙（あけぼの）となった明治維新でさえ、その主体となったのは下級武士であり、下級武士も身分制からすれば支配階級である。

わが国の社会の変動は、常に支配階級間の変動であった。このような歴史の流れの中で、政治は「お上（かみ）」がやるもの、一般大衆には関わりのないことである、という観念が形成されていった。それは「長い物には巻かれろ」とか「寄らば大樹の陰」などといわれるような、日本人特有の気質を形成することになり、そのような特性は、民主主義社会になった現代も継続されていると言ってよい。「お上」の決定した方針には従順に従っていくのが世渡りの秘訣である、という考え方である。

太平洋戦争に降伏すると、戦った宿敵アメリカが「お上」になってしまった。アメリカは宿敵の〝鬼畜〟から憧れの超大国になり、アメリカナイズが流行していった。

アメリカによってマインド・コントロールされた日本は、一九五一（昭和二十六）年サンフランシスコ平和条約を結び、独立後も防衛・外交はアメリカの掌の中で動かされ、今日に至っている。不平等条約である「日米地位協定」が改定されることもなく、沖縄は半植民地同様である。沖縄ほど密度は高くないけれども、本土にも米軍基地は存在し続けている（三沢・横田・横須賀・座間・厚木・岩国・佐世保など）。日本は独立国家でありながら、国民はそのことに疑問を抱かない。

戦後日本を導いた政治家・官僚・メディアにおいても、アメリカに従順になることが得策であるという観念が優先する。アメリカの対日政策に抵抗し、国益を守ろうとする政治家が出現すると、アメリカの圧力によって政治生命が絶たれる。最近では鳩山由紀夫氏や小沢一郎氏などは良き例である。それ故に、利口な政治家や官僚はアメリカの手中に入ってしまう。

小室直樹氏の著書『信長――近代日本の曙と資本主義の精神』の中に、「空気に支配されると、論理も倫理も全て死ぬ」というテーマで、次のように論じられている。

「空気の支配（ルール・オヴ・ザ・ニューマ）は、特殊日本的支配である。日本の社会構造（ソーシャル・ストラクチャー）に根ざす。／その一つの、重大なる社会学的構成（ソーシャル・コンスティテュアンシー）は、客観的規範（ノルム）の欠如（けつじょ）である。／何が良くて、何が悪いか。／それは、客観的に決定されるのではない。／その時々の状況が醸（かも）し出す空気（ニューマ）によって決定される」

また同氏の『日本いまだ近代国家に非ず――国民のための法と政治と民主主義』の中には、「今では、すっかり忘れ去られてしまっているかもしれないが、この空気こそが、日本を大戦争へと駆（か）りたてて行ったのである。〔略〕／それにしても、日本における空気の暴威（ぼうい）の凄まじさ」と記されている。

戦前、日米の国力の差は、ＧＤＰ（国内総生産）で比較すれば一対十三であった。この差を考慮しただけで、日米戦争など理論的には起こり得るはずはないのだけれども、起こってしまった。これが小室直樹氏の指摘する「空気の暴威の凄まじさ」である。

本来ならば、このような空気の流れに歯止めをかけなければならないメディアまでも、その空気と一緒になり、戦意高揚を煽ってしまう。そして敗戦になると、メディアはその責任を一切取らない。

明治維新により、近代国家への道を歩み始めて以来、日本からはヒトラー、ムッソリーニやスターリンのような独裁者は出ていない。従って日米戦争の責任を、ある特定の人物に負わせることは困難である。東京裁判においては、東條英機以下七名が戦争犯罪人に仕立てられたけれども、彼らも日本の国を支配した「開戦への空気」に押し流されていったといえるだろう。

それでは、この「空気が支配する日本」は、戦後の民主主義国家形成の中で改まったのであろうか。否、その本質は変わってはいない。日本人のこのような国民性を逆手に利用し、日本のエリートをマインド・コントロールし、日本国を従属国家にすることに成功したのがアメリカである。

「長いもの」はアメリカになり、「大樹」がアメリカに変わっただけである。事実を国民に公正に伝える公器であるはずのメディアも、戦後の日米関係の問題点についてはほとんど触れようとしない。このような「空気の支配」は、長い日本の歴史の中で形成された特殊な日本型支配形態であれば、変わりようがないのかもしれない。しかし日本が真に近代国家に衣替えし、アメリカの従属から脱去するためには、どうしても乗り越えなければならない課題である。

独立以来の日本を導いてきたのは、親米派といわれる政治家・官僚、それに世論の誘導に絶大な力を持つメディアである。親米派と言えば聞こえはよいが、現実はアメリカ追従派である。彼らは不平等条約である日米安全保障条約を容認し、安保体制に胡坐をかいた日本の支配者である。彼らが支配した戦後七十年間を顧みる時、わが国のアメリカからの真の独立など夢のように思えるけれども、一縷の光も見えてくる。

現代はインターネットの時代であるので、インターネットを通して、真実の日米関係の情報を入手することが可能になってきた。また、わが国の将来を憂えるジャーナリスト・政治評論家・エコノミストなどの時事解説書が書店にあふれるようになった。これらの書物を読むと、戦後の日米関係がいかに歪なものであったかがよく理解できる。

政府やメディアは、国民に真実を隠蔽し続けてきたけれども、今やそういう時代は過ぎ去ろうとしている。多くの国民が日米関係の真実を知った時、今のままでは終わらない時が必ず来る。アメリカはわが国の支配者に名誉と高い地位、そして富を保証することによりマインド・コントロールすることはできたけれども、国民が目覚め、日米関係の歪みを正そうと国民大衆が自覚した時、アメリカといえどもそれを抑えることは不可能になる。

その時、わが国はアメリカの従属から脱出することができ、二千有余年の歴史の中で、初めて国民大衆が主体となった改革の扉が開かれることになるであろう。

私は、日本の敗戦が色濃くなる一九四三（昭和十八）年に小学校（当時は国民学校）に入学し、敗戦の年は小学校三年生であった。教育制度が旧制から新制に移行する混乱期に教育を受け、一九六二（昭和三十七）年より社会科の高校教諭として三十五年間務めた。戦前と戦後の政治の有り様を比較すると、両極端でコペルニクス的転回が起きたと言っても過言ではない。戦後たどったわが国の様相が一庶民の目にどのように映ったのか、つれづれなるままに記述する。

小西晟市

目次

第2章■日本国憲法とアメリカへの従属

第3章■日本の外交と政治

第4章 ■ 変容する日本人の生き方と家族

第5章■戦中・戦後の教育

取り戻そう日本人の自立心

アメリカの戦後支配と日本国憲法

第1章

敗戦と日本のアメリカ化

近代化とともに刻んだ戦争の歴史

敗戦で終焉した明治以来の価値観

幕末から明治維新にかけて、わが国は海外に港を開かざるを得なくなった。アメリカの圧力によって締結された日米修好通商条約（一八五八・安政五年）をはじめとして、ヨーロッパ諸国と結んだ条約は、治外法権を認め関税自主権を持たない不平等条約で、その後、条約改正が国の重要な課題になる。

二十世紀は、世界のグローバル化に伴い、欧米の物質文明が世界を支配した時代と言えよう。欧米が世界の先進国であり、他の地域は開発途上国と見なされた。わが国は屈辱的な不平等条約を改正するためにも、是が非でも国力をつけざるを得なかった。従って、富国強兵、殖産興業が明治政府の二大スローガンになり、その目的を達成するために政府は教育の普及に力を入れた。その甲斐あってわが国は短期間に産業革命を進め、東洋では最も早く近代化を達成し優等国になった。

しかし殖産興業にしても教育の普及にしても、個々人の豊かな生活を実現するためというよりも、大日本帝国の国力と威信を発揚することが大前提であったので、政府は軍隊の拡充と強力な近代兵器を所有することを最優先にした。

わが国が軍事大国になっていくと、それを象徴するように、日清戦争、日露戦争、満州事変、日中戦争と戦いの歴史を刻んでゆき、どの戦いにも一定の勝利をおさめ、日本の近代化の証として国民を満足させた。打ち続く戦争の勝利は、甚大な犠牲を払ったにもかかわらず国民を有頂天にし、謙虚さを失わせ、ついに世界最強の大国アメリカに戦いを挑み、本土空襲、原爆投下、無条件降伏という最悪の結果を招いた。

幕末から国を開き、遅れをとった欧米に対等たらんとして取られた富国強兵政策に従うことが国民に義務付けられ、その義務に従うことが国民にとっては国に対する忠誠心となり、生き甲斐にもなっていった。それ故、国家の掲げるスローガンに反する主張は〝非国民〟の誹り（そし）を免れなかった。

良きにつけ悪しきにつけ、戦前は国家の定めたスローガンに個を埋没させ、自分の生き方を合わせざるを得ない時代であった。かけがえのない自分の人生を自分の意思で選べなかった時代であったと言えよう。このような、個を犠牲にしても国家に尽くすという明治以来築かれてきた価値観が全て終焉したのが、太平洋戦争の敗戦であった。

「鬼畜米英」から「世界の覇者アメリカ・オンリー」へ

戦争が終わり、過去を検証すれば、圧倒的な国力の差のあるアメリカに何故無謀な戦争を挑んだのであろうか、当時の為政者や軍の首脳は国際情勢を如何に分析していたのであろうか、疑問を持たざるを得なくなる。しかし、明治以来の歴史の流れをたどっていくと、日米戦争は、アジアの支配権をかけて避けて通れない運命づけられた過程の中にあったとしか言いようがないようにも思われる。

問題なのは、敗戦後に日本がたどった歴史である。アメリカによってマインド・コントロールされた日本は、戦後七十年（二〇一五年時点）が経っても不平等条約である「日米地位協定」を改定も破棄もしないままに米軍基地の存在を許し、アメリカによって敷かれたレールの上を忠実に歩かされているという現実である。

自主独立の気概をもって国益を守ろうとする政治家が登場すると、政治スキャンダルが仕込まれ、政治生命を絶たれてしまう。それ故、自らの地位と権力を維持するために、まずはアメリカの意向を確かめ、それに合わせていこうとする政治信念のない政治家や官僚が普通の存在になってしまう。

戦前の「鬼畜米英」から戦後は「世界の覇者アメリカ・オンリー」へ、どうして日本人はこうも極端に変身できるのであろうか。そこには権威に弱い日本人の気質が見えてくる。

一般的に日本人が人物を評価する時には、その人物が「どのように行動したのか」ということではなくて、彼らの得た「名誉と地位」で判断するのである。この日本人気質は国内だけでなく、国際情勢を判断する時にも適応される。戦前は羽振りのよかったドイツ・ヒトラーに心酔し、日独伊三国同盟を締結して日米戦争に突入し、戦後は世界の覇者となったアメリカに頭が上がらないのである。

日本人の「独立自尊」の精神は、消え失せてしまったのだろうか。

終戦

■ポツダム宣言勧告から受諾まで■

降伏勧告後に投下された原子爆弾とソ連参戦

一九四五（昭和二十）年八月十四日、わが国がポツダム宣言を受諾したことにより、第二次世界大戦は終結した。

このポツダム宣言は、米・英・ソ（現ロシア）の首脳がベルリン郊外のポツダムで会談し、七月二十六日、米・英・中三国の名で日本に降伏を勧告したものである。しかし、鈴木貫太郎内閣はこの勧告を黙殺した。そこでアメリカは、日本は戦争をなお続行するものと判断し、一刻も早く戦争を終結させることを理由に、八月六日広島に、九日長崎に原子爆弾を投下した（真実は人体実験であったのではと想像される）。原爆は一瞬のうちに市街地を壊滅させ、多くの一般市民を死傷させたが、その中にはたまたま学徒勤労動員で広島や長崎に来ていた学生もいた（死者は、広島約二十万人、長崎七万人と推定されている）。

その上、ヤルタ協定に基づいて、八月八日ソ連は、日ソ中立条約を破って日本に宣戦を布告し、満州に侵攻した。この時のソ連軍の蛮行は目に余るものがあったといわれ、その混乱により中国残留孤児の悲劇が生まれた。

ソ連が日ソ中立条約を破棄して参戦した裏には、アメリカ大統領ルーズベルトの強い要請があったことを忘れてはならない。一九四五年二月、クリミア半島ヤルタで、ルーズベルト・チャーチル・スターリンが会談し、対独処理策・国際連合問題などが討議された。同時に対日秘密協定で、ルーズベルトはソ連が対日参戦をするならば、その見返りに南樺太と千島列島をソ連に与える、という約束をした。これが北方領土問題の原点である。

戦争のたびごとに国境線は移動し、戦勝国は領土を拡大し、敗戦国は減少させられていった。それは世界の歴史が示す事実である。戦争をすれば、勝つか負けるかで結論が出てしまう。従って第二次世界大戦の勝利国になったロシアは、北方領土問題は存在しないと主張し続けることになる。戦争前の日露の北方領土に関する歴史の経過などは通用しなくなってしまう。戦争に負けたという厳粛な事実を、日本国民は総括できていないのではないだろうか。

二発の原爆投下による被害の深刻さやソ連の対日参戦により、戦争指導者は何らかの態度を示さざるを得なくなった。それでも軍の指導者は、最後まで本土決戦を主張してやまなかったけれども、八月十四日の昭和天皇の聖断によりポツダム宣言が受諾された。七月二十六日に日本に勧告されてから、わずか十九日後のことである。結果論であるが、七月二十六日に受諾していれば、原爆投下もソ連の対日参戦もなかったことになる。

海軍良識派の努力　少数意見の尊重

一九三七（昭和十二）年二月から三九年八月まで米内光政（よないみつまさ）が海軍大臣であった時、次官が山本五十六（いそろく）（後、連合艦隊司令長官になり戦死）、軍務局長が井上成美（しげよし）で、彼らは一糸乱れず陸軍に対抗し、日独伊三国同盟を阻止した。しかし彼らが海軍省を去ると、わずか一年後に同盟は締結されることになる。海軍の反戦派は次第に軍政から遠ざかり、戦況が末期状況になると（一九四四・昭和十九年）、運命的に再び政治の表舞台に登場する。

米内は請われて海軍大臣になると、固辞する井上成美を説得して次官につけた。次官に就任した井上は、信頼する高木惣吉を局長につけ、極秘に終戦の工作を依頼する。終戦は昭和天皇の聖断によって実現したものであるけれども、米内・井上・高木らの果たした役割は大きかったと言わなければならない。

戦争を始めた主戦論者は、戦争を終わらせることに消極的にならざるを得ない。戦争を終わらせることは、日米開戦という自らのとった行為が誤りであったことを認めなければならないからである。彼らは自らの立場と組織を守るために、国民を犠牲にしても本土決戦を唱えてやまなかった。本土決戦になればどういう結果になるのか、それは硫黄島戦や沖縄戦で証明されているにもかかわらず……。

終戦は、日米開戦を避ける努力をした少数の海軍良識派が大きな役割を果たすことになる。彼らの努力によって本土決戦が避けられただけでも、不幸中の幸いであったと言わなければならない。彼らは自己の名誉や地位にとらわれることはなかった。だからこそ国家存亡の非常時に、冷静な判断と行動ができたのであろう。このことは、指導者たる者の資質とは何かということを教えているような気がする。

歴史の裏面は公になりにくい。ましてや教科書に書かれることもない。だからこそ歴史の真実を一般大衆に正しく伝えることが、マスメディアにとって重要な役割になる。冷静に深く考え抜かれた少数意見の中に真実があることが多い。少数意見の尊重なくして真の民主主義は存在しない。それは言い古されたことであるけれども、人間は付和雷同になりやすい。

最大の失策、日米開戦

■陸軍と海軍、二つの思考■

人の思考には「垂直思考」と「水平思考」のタイプがあるとされ、かねがね私はこの二つの思考の型に関心を持っていた。

『盆地日暮』（高橋保明著）に「水平思考」のテーマで具体的な例を挙げて論じられていて、さらに興味を深くした。著者は、エドワード・デボノ著『水平思考の世界——電算機時代の創造的思考法』（白井実訳、講談社、一九六九年）の要点を次のように纏められていた。

「垂直思考は非常にはっきりした思考方向を辿って上がったり下がったりしながら直進する。これが頭脳と呼ばれる自己拡大システム独特の働き方である。これに対して水平思考は古い型にはまった思考の枠を打ち破って、まったく新しい別の角度からものごとを見直すのである。／頭脳の機能は常に垂直思考に傾きがちなので水平思考が必要になっていく。両者はコインの表裏のようなもので、お互いが補う関係にある。水平思考が新しいアイディアを生み出し、垂直思考がそれを発展させる。換言すれば、垂直思考では論理が頭脳を支配しているのに対して水平思考では論理が頭脳の意のままになっているのである」と。

この理論で歴史上の人物が主としてどちらの思考で行動したかを考察すると、一定の結果が見えてくる。垂直思考型の人物は、他に勝る気概はあっても現状と時代転換の認識が甘く、現状維持にのみ頭脳が回転し時代の激流に飲み込まれた人物が多い。垂直思考型の人物の例を挙げるとすれば、楠木正成・正行親子だろうか。戊辰戦争で白虎隊の悲劇を生んだ奥羽越列藩同盟も、垂直思考による行動と言える。一方、水平思考型の人物は、的確な現状認識と将来への展望の中から、難局を切り開いた人物が多いことに気付く。水平思考型の人物の典型は、坂本龍馬、勝海舟などであろう。

この二つの思考の型は、お互いが補い合う関係の中で調和する時、バランスの取れた判断が可能になるといわれるけれども、それは理論上のことであって、人の思考はどちらかに偏りがちである。一般的には脳の機能は垂直思考に傾きがちになるので、意識的に水平思考が必要になってくるけれども、思うほど簡単なことではない。重大な事件に遭遇したり、ましてや国家存亡にかかわる緊急事態が発生すると、その打開策として多数が垂直思考に陥り、水平思考の人々を非難し攻撃する。そのことがかえって墓穴を掘る結果になる。

日本の近代史上最大の失策であった日米開戦については、陸軍と海軍がその思考において正面から対立した。当時の日本とアメリカの国力の差は、GDP（国内総生産）でアメリカは日本の十三倍。生産力は艦艇が四・五倍、飛行機が六倍、自動車が四五〇倍、アルミ六倍、鋼鉄が十倍。保有量で見れば、鉄が二十倍、石油が百倍、石炭が十倍、電力量が六倍である（『教養としての歴史 日本の近代』下、福田和也著）。これほどの国力の差がありながら、日米開戦に踏み切ったというのは正気の沙汰ではない。国力の差を「大和魂」などという精神力で克服できると信じていたのであるから、垂直思考の典型と言えよう。

一九四二（昭和十七）年六月のミッドウェー海戦で大敗してからは、アメリカ軍に制海権・制空権を奪われ、敗戦への道をたどることになる。一九四四（昭和十九）年、戦争も末期になり、アメリカ軍の本土空襲が激しさを増し、主要都市が焼け野原になっても、世論は本土決戦へと流れていった。

そういう中にあって、海軍省の首脳（米内光政海軍大臣、井上成美次官、高木惣吉局長ら）が早期終戦の実現を目指して努力したことは、今日誰もが認めることである。日米戦争の歴史をたどっていくと、海軍の中に水平思考の可能な巨星が少数ではあるが存在し、そのような人物によって最悪の本土決戦は避けられる結果となった。

人の脳は自然の状況では垂直思考に向かっていく。緊急事態が生ずると一層その傾向が強くなる。冷静に状況を伝えなければならないメディアも垂直思考に流れてしまう。日米戦争の末期、代表的な新聞やＮＨＫ（当時はラジオ放送）を含めて全ての報道機関が政府に操縦され、戦況を正しく国民に伝えるという役割を果たさなかった。そのことが悲惨な戦争を長引かせ、被害を一層拡大していく結果になった。

覇権国家アメリカ

日本の満州侵略を黙認していたアメリカ

一九四一（昭和十六）年十二月八日は、旧日本軍が真珠湾を攻撃し、日米戦争が開始された日である。この日が近づくとアメリカでは、日本が卑劣な行為を行ったというキャンペーンが展開される。経済や安全保障関連の摩擦が生じ、日米関係がギクシャクしてくると、その〝攻撃〟は一層エスカレートする。

二〇一一（平成二十三）年十二月七日付の「朝日新聞」夕刊に次のような記事が載せられていた。

「オバマ大統領は6日、12月7日（米現地時間）に旧日本軍による真珠湾攻撃から70周年を迎えるのを前に声明を発表した。攻撃に巻き込まれた米国民に敬意を表し、「その勇敢さが第2次世界大戦に関わった全ての人々を勇気づけた」と称賛した。オバマ大統領は攻撃を「卑劣な攻撃」とし、「我が国の精神を打ち砕くよりも、米国民を一つにし、戦う決意を強固にさせた」と指摘。「米国中の愛国者たちが米国本土や外国で、我々の暮らしを守るために立ち上がった」（ワシントン＝伊藤宏）」

日米戦争の原因については、あらゆる角度から検証されている。その遠因をたどれば、日本の中国侵略である。一九三一（昭和六）年九月十八日、日本の関東軍は奉天近郊の南満州鉄道の線路を自ら爆破し（柳条湖事件）、これを「中国側の計画的反日活動である」と発表した。日本の新聞も一斉に中国側を非難し、日本軍の〝報復軍事行動〟のこじつけを支持した。関東軍は中国東北地方の奉天・吉林・黒竜江の三省を武力で占領し、満州国として独立させた後、熱河省をも占領した。

満州事変から日米戦争に至る原因を陸軍の暴走と捉えるのが一般的な歴史観であるけれども、それほど単純なものではなく、金融支配をめぐる戦い、いわゆる「マネー戦争」であるとしている書に『天皇財閥――皇室による経済支配の構造』（吉田祐二著）がある。この書を簡単に要約すると、「満州建国の時点では中国東北部にアメリカの資本は入っておらず、アメリカも日本の満州侵略を黙認していた。満州国樹立に成功した日本は、さらに中国本土の北部・中央部へと歩を進めていく。中国最大の商業都市上海へ進出することにより、アメリカ・イギリスとの対立が決定的なものになっていった。上海にはすでにアメリカ・イギリスの資本が進出していて、米英の利権が確立していた。このことが後に日米戦争へとつながっていくことになる」としている。

アメリカは自国の国益を守るために執念を燃やし、日本に対して経済制裁を加えてきた。日本の在米資産を凍結し、日本との通商を断絶した。日米関係が悪化するにつれ、日本は資源の枯渇を防ぐために活路を東南アジアに求めざるを得なくなった。当時のアメリカのGDPは日本のGDPの十三倍もあり、両国の国力の差を分析していたアメリカは、日米戦になっても必勝を確信し、対日戦争の準備（「オレンジ計画」と呼ばれる対日戦略）を開始していたといわれている。

日米戦争の直接の原因は、日本軍による真珠湾攻撃であるけれども、アメリカに対する宣戦布告がワシントンの日本大使館の事務上の遅れから、攻撃の一時間後になった。このことが今日も国際法を犯した卑怯な野蛮行為と非難され、毎年十二月八日が近づくと「リメンバー・パールハーバー」という標語になって、日本攻撃の材料にされている。

アメリカは自らが日本に宣戦布告をすることを避けて、日本に様々な圧力をかけ日本が宣戦布告をせざるを得ない状況を作り出そうとした。国民性として垂直思考になりがちな日本人は、冷静さを失い真珠湾攻撃を行い、日米戦のきっかけを演じてしまった。戦後、歴史的検証を行えば、日本はアメリカの掌の上で踊らされていたと言ってもよいであろう。

アメリカは戦争の末期、一九四五（昭和二十）年八月六日に広島、九日に長崎に原子爆弾を投下した。アメリカは、戦争を一刻も早く終わらせるための投下であると理由付けている。しかし、八月八日にはソ連が日ソ中立条約を破って対日宣戦布告をしており、日本の敗戦が色濃くなっている時に、何故二発目の原爆を長崎に落としたのであろうか。一発目の広島投下で、原爆の想像を絶する破壊力とその放射能の影響は実証されたにもかかわらず……。

しかもその犠牲になったのは、戦争遂行者や職業軍人ではなく一般市民や子どもたちである。これこそ明らかに国際法に違反した行為である。原爆投下だけでなく、一般市民が暮らす都市を無差別爆撃したことも国際法違反である。

広島・長崎原爆投下の死亡者は、合わせて二十七万人である。その現実に対し先述のように、「戦争を一刻も早く終わらせるためである」というのがアメリカの公式見解である。しかしそれが許されるならば、戦争を終わらせるためならば、どんな非人道的な手段をとってもよいということを、アメリカ自らが示したことになる。どのように説明しても虚しい弁解にしか響かない。

戦争終結に名を借りて、地球上で最初の人体実験場として日本に原爆を投下した、というのがアメリカの本音であろう。「リメンバー広島・長崎」と叫びたくもなる。しかし、日本人はほとんどそのことに触れようとしない。

日本人は、歴史の事実に基づいてもっと自己主張をしてよいのではないだろうか。加害者から口を開くことはない。被害者が主張し加害者がその非を認めた時に、真の友好が結べるのである。

アメリカの国益のために行われる戦争

第二次世界大戦終了後も世界平和は束の間で、米ソは世界の覇権をかけて、東西対立の冷戦期を迎えることになり、共産主義勢力の拡大やテロ行為を過度に恐れたアメリカは、各地域の紛争に介入していった。朝鮮戦争、ベトナム戦争、湾岸戦争、イラク戦争など。中でもベトナム戦争（一九六五〜七三年）ではアメリカは勝利することができず、南ベトナム解放戦線と北ベトナムはサイゴンを陥落させ、一九七六年南北統一を実現し、ベトナム社会主義共和国が誕生している。この戦争でアメリカ軍が使用した枯葉剤は、今もベトナムの人々に大きな苦しみを与えている。

イラク戦争（二〇〇三年）は、大量破壊兵器（核爆弾）の存在を前提に始められた戦争であったけれども、それは無かったことが判明した。アメリカは面子を保つために、独裁者フセイン政権を打倒することに戦争の目的をすり替えた。フセイン政権は打倒したものの、多くの民間人が犠牲になり、テロ行為はあとを絶たずイラクの混乱は治まっていない。アメリカの政策の中で、過去の失敗がほとんど生かされていないのである。

私たちは、アメリカやイギリスを民主主義の母国であり、人権を尊重する大国であると教わってきた。しかしそれは、大統領制や議院内閣制という国民の代表者が国家を統治するという政治制度を確立した点において言えることであって、過去の歴史を学ぶ時、額面どおり肯定することは困難である。

一七七六年に制定されたアメリカ独立宣言には、次のように記されている。

「われわれは、自明の真理として、すべての人は平等に造られ、造物主によって、一定の奪いがたい天賦の権利を付与され、その中に生命、自由および幸福の追求の含まれることを信ずる」

しかし、アメリカにおいて独立以来行われてきたのは、新天地アメリカ大陸の征服者となったヨーロッパの白人が、自らの支配地と権利を拡大するためにインディアンの大量虐殺を行い、土地を奪い、開発のために奴隷制度を容認し、国益のためには手段を選ばなかったことである。さらに、アメリカ大陸に広大な領土を獲得しながらも、太平洋に浮かぶ楽園の島ハワイ王国を転覆させ、わが領土としてしまった。独立宣言の崇高な精神は征服者アメリカ合衆国の白人に適応されるものであって、万民に共通することでないのは、彼らの行動から自明の理である。

アメリカは独立以来、自国の国益のために、軍隊という暴力を使って相手をねじ伏せ勢力を拡大させてきた。アメリカ建国以来、その体質は今も変わってはいない。そのためにアメリカは超大国の面子にかけても、世界一の軍事力を必要とするのである。アメリカに限らず覇権国家を目指す国は、どこの国も同じような道をたどることは世界の歴史が示している。これからは、米ソ対立から米中の対立に移ろうとしている。今や中国がひたすらアメリカの後を追いかけている。

この観点から沖縄を考察すると、沖縄問題の本質が透けて見えてくる。アメリカは世界戦略の立場から、沖縄を手放すことはできなくなる。日本を守るというのは二の次である。

「日本を守る」というお題目を掲げなければ、日本の世論の支持が得られなくなり、沖縄駐留が不可能になってくるからである。中国軍の勢力拡大と近代化が進む中、アメリカは一層沖縄駐留に執着し、日本に様々な要求と圧力をかけてくることは目に見えている。

今もアメリカの国力は無視できないけれども、唯一の超大国としての経済的繁栄は過去のものになろうとしている。アメリカといえども、唯一の超大国の座を永久に維持していくことは不可能であり、普通の大国の一つになっていかざるを得ない。

日米の国交が始まったのは、一八五三（嘉永六）年ペリーの軍艦（黒船）が来航してからで一六〇年になるけれども、日中の国交はわが国の有史以来二千年に及んでいる。中国は隣りの先進国であり、五千年の歴史を有し、人口十三億、国土の面積はわが国の二十五倍もある大国である。わが国は中国の文化を受け入れながら発展してきたのである。その現実を冷静に受け止め、その中国と如何に平和的にうまく交流していくかが、わが国の最大の課題である。

中国軍が台頭する中で、ただアメリカに依存する現状を打開し、日本の独立と国益を守るために如何に対処していくべきか、全国民が真剣に考える時期に来ているのではないだろうか。日本の将来の方向を見誤ることのないように！

敗戦直後の社会の混乱

深刻な食糧難

戦争は終わったけれども、空襲によって全国の産業は破壊され、生産力は極度に低下し、物資不足は深刻であった。インフレーションはすさまじい勢いで進み、庶民の生活を圧迫し、加えて終戦の年は凶作で、食料不足は最悪の状況であった。

米は戦時中から配給制で、成人一人当たり一日に二合三勺と定められていたが、一九四五（昭和二十）年にはさらに一割減の二合一勺になった。そのわずかな配給米さえ遅配されることがあった。食糧不足のため、栄養失調で死者が出る状況の中で、生きるためには、買出しやヤミ米に頼らざるを得ない。「朝日新聞」の調査によれば、一九四五年八月当時、公定価格で米一升（一・五キログラム）五円八十九銭が、ヤミ値で八十四円六銭になっている。十四・三倍の高値である。ようやく手に入れても法に違反しているので、警察に見つかれば没収された。一九四七（昭和二十二）年十一月五日の新聞には「判事がヤミ米を拒み栄養失調で死亡」という記事がある。

鉄道の駅舎の地下道は、浮浪者や戦災孤児などの溜まり場になった。父母を失った身寄りのない少年少女が、物乞いをし、物を盗み、タバコの吸殻を拾い、靴磨きなどをしながら、わずかな生活費を稼ぐ姿は、敗戦国日本のどうしようもない惨めさと、悲しさを象徴するものであった。

そのような浮浪児問題を正面から取り上げたのが、菊田一夫作の連続放送劇『鐘の鳴る丘』（一九四七～五〇年）である。敗戦という特異な社会状況が生み出したラジオドラマであるが、映画にもなった。戦後社会の混乱と戦災孤児の悲惨な環境をリアルに扱ったドラマにもかかわらず、苦難にめげず将来に希望の灯火をともしながら明るく生きる子どもたちの姿がよく描かれていたように思う。自分と同じ年代の子どもたちが物語の主人公であったので、他人事とは思えず、身に迫る思いで映画観賞をした記憶が残っている。

このような経済危機による国家非常事態の時には、生活難は都会ほど深刻で、農家は強かった。農家に親戚のある家庭はうらやましがられ、当時は都会から農家に嫁に来た女性も多かった。現在では考えられないことである。

深刻な食糧難から子どもたちを救うため、一九四七年に学校給食が始められた。私が小学校五年生の時で、学校給食を受けた最初の生徒である。学校給食の実施には、占領軍の放出物資やユニセフ（国際連合国際児童緊急基金。現在の国際連合児童基金）からの援助物資が大きく寄与した。一九五四（昭和二十九）年に学校給食法が施行され、法的に確立され今日に至っている。

〝恐ろしいアメリカ兵〟は陽気でスマートに

戦争中、私たちは、「鬼畜米英」と教えられた。「日本が戦争に負け、アメリカ兵が上陸して来たら、何をされるか分からない。日本人は皆殺しにされるかもしれない」という噂が流れ、誰もがそれを信じていた。「神聖な神国に生まれ、大和魂を持つ日本人は、自決覚悟で鬼畜アメリカ兵に向かわなければならない」というのである。そのため、竹槍や木刀が終戦後もしばらく自宅の玄関の隅に置かれていた。戦争が終わっても、いざという時にはアメリカ兵に立ち向かう覚悟の表れである。

幸いなことに、学校で習ったこと、親が教えたことのようにはならなかった。子どもたちは、いつしか恐怖心も忘れて遊びまわるようになった。環境の変化に対する子どもたちの順応は、大人よりはるかに早かった。これはいつの時代も同じである。アメリカ兵は一度も個人の家に来ることはなく、恐ろしいアメリカ兵は、背が高く陽気でスマートなアメリカ兵に変わっていった。

軍服に身を包み愛用のサングラスをかけた連合国軍最高司令官マッカーサーの写真がたびたび新聞に掲載されていたけれども、敵の大将であったにもかかわらず、子どもたちには、格好が良く、英雄に思われた。

アメリカ軍の占領政策

日本を再びアメリカに抵抗できない国に

欧米型の政治制度と日本人の精神構造の破壊

国土を海に囲まれているわが国は、幸い外国文化が土足のまま上陸することはなかった。長い歴史の中で、中国や朝鮮から文化や政治制度を移入しながら、日本の風土に調和させてきた。明治維新後、本格的に西洋文化が流入するようになってからも、異質の文化をうまく調和させ、日本独特の文化を構築することに成功した。こうして確立してきた日本文化を根底から揺るがせたのが、太平洋戦争の敗戦とアメリカ軍の占領である。

敗戦による国土の荒廃と人心の虚脱感は筆舌に尽くしがたいものであり、日本人の心を支えてきた価値観が一挙に瓦礫（がれき）のごとく崩れ去り、そこへアメリカ軍の本土上陸と駐留支配である。これはわが国の二千年の歴史の中で、かつて経験したことのないことであった。日本支配に当たりダグラス・マッカーサーは内閣を認めたので、形の上では間接支配になっているけれども、実際は直接支配と変わらない。しかし日本国民にとっては、戦前の徹底したナショナリズムにより個人の自由が抑圧されていただけに、占領政策は意外に新鮮に感じられた。

アメリカ軍が行った占領政策は、簡略して纏めれば、敗戦国日本に欧米型の政治制度を定着させるとともに、日本国民を支えてきた精神構造にメスを入れ破壊することにより、日本を再びアメリカに抵抗できない国にしようとしたのである。従って帝国陸海軍を解体し、「大日本帝国憲法」に替わる新しい憲法を制定することが、アメリカの占領政策の中核になった。

その根底にあるのは、日清・日露戦争以来太平洋戦争までの日本を、アジア侵略の非人道的ファシズムの立役者に仕立てることであった。すなわち〝アメリカ善玉、日本悪玉〟の「戦後体制」の確立である。一般の国民はともかく日本のエリートまで、この「戦後体制」にマインド・コントロールされ、戦後七十年が経過しても、この体制から脱出できなくされてしまった。このマインド・コントロールの定着にマスメディアの果たした役割も計り知れない。

アメリカの日本占領は日本人の精神までコントロールし、見事に成功したと言えるだろう。もうそろそろこの体制とも決別し、日本人らしい主権国家を目指す時期に来ているのではないだろうか。近年、「日米の戦後史」をテーマにした本を書店で多く見るようになった。徐々にではあるが、国民の中にその芽は育ってきているように思う。

歴史を検証し、風土に調和する民主主義の構築を

明治以来、日本人の根底には欧米に対するコンプレックスがあった。それは、近代社会は欧米文化が世界をリードして、実現させたということに対してである。それならば我々は太平洋戦争の敗戦を機会に、明治以来のわが国の歴史の中で、何が正しく何が間違っていたのかということを検証する必要があった。そのことを怠った結果、我々は二千年にわたって築かれてきた伝統文化を蔑ろにし、アメリカ化することが欧米人に近づく道だと思い違えてしまった。思い違えたというより、自然にそうなったという方が正しいかもしれない。また、高度経済成長政策の成功により、豊かになるに従い、富を得ることが欧米に伍する唯一の道だとも思い込んだ。

経済成長が順調にいくことにより、確かに世界の先進国の仲間入りはしたものの、金権主義が日本国土を覆い美しい自然が破壊されていった。指導者としての帝王学もいつしか

消え去った。と同時に、日本民族の根底に横たわる「自然との共生」や「日本人としての情」も影を薄めていった。

海に囲まれた日本民族の特性を一言で表現するならば、「情」の国民と言えるのではなかろうか。「情」というのは人間としての心の働き、気持ちということである。この自然と共に生きる日本人の生き方は、欧米人の人間中心主義の生き方と大きく異なるところである。様々な敗戦後の経過の中で、わが国は次第に心の豊かさを失い、どことなくギスギスした世相になっていき、凶悪犯罪も年ごとに増加している。現在、わが国では「日本人としての情」の根底が揺らいでいる。

日本には日本独特の風土から生まれた伝統文化があり、それに基づく情を否定することなく、日本らしい民主主義が構築されてよいはずである。日本の風土と伝統文化を蔑ろにして、諸外国の文化や制度を移入しても、その真意が国民に根付くとは限らない。日本の文化と伝統に誇りを持ち、尊重しながら諸外国の文化や制度の利点を移入する時、より高次元の日本文化が作り上げられ、日本の風土と国民に調和していくのではないだろうか。

日本のアメリカ化

アメリカ文化の大量流入

否定された日本の伝統文化

近代の戦争は、その国が保有する軍事力だけでなく、領土や人口の規模、工業力や資源、国民性などを合わせた、国家の総力戦である。

日本は日清・日露戦争に勝利したとはいえ、それは一定の地域戦の勝利であって、清国、露国を屈服させたわけではない。しかし太平洋戦争は、国家の全てをかけた総力戦であり、戦争が長期化すればするほど、国家の総合的経済力が勝敗を決する重要な要因になった。従って戦争に負けるということは、国力のほとんどを消耗し、全国土が敵国に占領されることを意味する。特に必勝を信じてきた国民の心を崩壊させる原因ともなった。

戦前のわが国は、徹底して国体護持と国運の進展に力点を置いたため、教育の内容も国家主義に統一されていた。それ故占領軍はわが国の伝統文化とナショナリズムを同一視し、日本の民主化と伝統文化が相反するものと考えた。能・歌舞伎・浪曲・講談・茶道など民族的伝統文化は、封建的国家主義を支えたものとして、戦後しばらく蔑視される一方、軽音楽・ジャズなどアメリカの音楽は、一転して流行の先端に躍り出た。

スポーツの面でも一時期、柔道・剣道・長刀（なぎなた）など、終戦まで学校教育の中で必須科目として重視されていたものは禁止され、野球・バスケットボール・バレーボールなどアメリカで人気の高いスポーツが花形になった。戦前、日本の伝統文化がナショナリズムの宣揚（せんよう）に利用されたことはあったけれども、日本本来の伝統文化とナショナリズムとは切り離すべきであったと思う。むしろ日本人の国民性は、古来、平和主義である。

六〇四年、聖徳太子が制定した十七条憲法は、「一に曰（いわ）く、和を以て貴しとなし、忤（さか）ふることなきを宗とせよ」から始まっている。以来わが国は、自然崇拝（八百万（やおよろず）の神の信仰）を基本とする神道思想と殺生を禁ずる仏教思想が融合し、自然と共生しながら平和を愛する日本文化の土台が形成されていったと言える。

台湾出身の作家、黄文雄著『世界が憧れる天皇のいる日本』の中に、次のような記述がある。「日本は戦後内戦が起きなかったことはもとより、江戸時代は３００年近く、平安時代は４００年近く、縄文時代は１万年ほども平和を保ち続けてきた。そんなことがいったいなぜ可能なのだろうか。〔略〕平和な社会は自然の摂理と社会の仕組みから生まれたもので、日本文化の基層を支えるものである」と。「灯台下暗し」というが、日本人はあまり知らないようである。

わが国の総合的国力をアメリカと比較すれば、誰が考えても戦えないというのが正論である。近代戦において物量の圧倒的な差を精神力で補うことは至難の業である。それにもかかわらず国力の劣るわが国が四カ年にわたってアメリカ軍を苦しめたのであるから、占領軍がその精神力を日本の伝統文化の中にあると考えたのは、当然のことかもしれない。

軍国主義からアメリカ型民主主義へ

戦後七十年（二〇一五年時点）を経た今日、わが国は日常の食生活から犯罪に至るまで、実にアメリカ的になった。とはいえ敗戦は、全体の中に埋没した個人を解放し、自由主義の出発点になったことも事実である。しかしわが国に、個人主義や自由主義確立の歴史は浅く、明治になって紹介された欧米の合理主義も、国民全体のものとしては広がらなかった。

わが国の文化とアメリカ文化とは、その成り立ちも歴史も異なる。アメリカ文化は、ヨーロッパ文化を受け継ぐものであり、それはキリスト教文化とイギリスの功利主義が相俟って、新大陸の開拓者精神を生み、それを土台にして、やがてプラグマティズム（現実的実用主義）という実にアメリカ的思想を生み出すことになる。このような欧米の思想は、先覚者によってわが国にも紹介はされたけれども、国民全体に浸透するまでには至らなかった。

敗戦によるアメリカ軍の占領は、アメリカ軍が日本本土に上陸して支配したものであり、アメリカ文化の直接流入と言ってもよい。その点では、従来の欧米思想の間接流入とは内容が異なる。

国の成り立ちも歴史も異なるアメリカ民主主義の真髄を理解し、身につけることは容易ではない。民主主義の歴史の浅いわが国では、個人主義は利己主義に、自由は無責任になりやすく、日本人としての義理や人情の豊かさも希薄になり、そこには日本人独特の甘えの構造が残ることになる。

従って、戦前の自己犠牲的全体主義から、戦後は自己中心的思考に移行していったと言えるのではないか。戦後の初期は敗戦の深い反省もあり、アメリカ的思考もプラスに生かされたけれども、戦後七十年が経過し、豊かな経済大国に成長すると、民主主義の歴史の浅いわが国では、様々な問題点が出てくることになる。ただアメリカに追随するのではなく、日本の風土と国民性を生かしながら、日本らしい民主主義が形成されてもよいのではないだろうか。

第2章 日本国憲法とアメリカへの従属

日本国憲法の制定

「マッカーサー草案」を政府案として可決

ポツダム宣言の骨子は、それまで日本を支配してきた軍国主義を排除し、基本的人権が保障された平和で民主的な国家に改造することにより、アメリカに抵抗できない国にすることであった。それは、大日本帝国憲法に定めた天皇主権や統帥権、あるいは基本的人権の制限などと対立するものであった。従ってわが国がポツダム宣言を受諾し降伏をしたことは、宣言の内容に基づいて大日本帝国憲法を改め、従来の政治制度を改革することが必至であったけれども、当時の日本政府は、そのことをあまり厳粛には受け止めていなかったようである。そのことは、その後の日本政府の「憲法改正案（松本案）」の内容が示している。

日本を占領した連合国軍最高司令部（ＧＨＱ）は、早速ポツダム宣言に沿って一九四五

（昭和二十）年十月、治安維持法廃止、政治犯の釈放、特高警察の廃止、婦人参政権、労働組合結成の促進、経済の民主化などの大改革を命じ、大日本帝国憲法の改正を求めた。

これを受けて幣原（しではら）内閣は「憲法問題調査委員会」を発足させ、松本烝治（じょうじ）国務大臣を委員長にして憲法改正の研究を始めた。年明け一九四六年に作成されたのが「松本案」である。それは、大日本帝国憲法の「天皇が統治権を総攬する」という従来の基本原則を修正するものではなく、文言の一部を変え多少の民主化を図ったにすぎなかった。

この松本案は「毎日新聞」にスクープされ、紙上に掲載されることになるが、新聞の論調や読者の反応は批判的で冷ややかなものであったといわれている。改正案作成委員の真意は、従来の国家体制を如何に維持するかということにあり、一般国民の方が冷めた見方をしていたものと思われる。

日本政府に任せていては、アメリカの意向に沿った憲法の制定は不可能であると危惧したマッカーサーは、ＧＨＱ民生局に憲法草案作成を命じた。

日本国憲法が成立するまでの経過を略記する。

一九四六（昭和二十一）年

二月一日　「毎日新聞」が「松本案」をスクープ、紙上に出る。
二月三日　マッカーサーはGHQ民生局に基本三原則*を示し、憲法草案を早急に作成するよう命ずる。
二月十日　GHQ民生局、憲法草案（マッカーサー草案）完成。
二月十三日　GHQ、日本政府が提出した「松本案」を拒否し、「マッカーサー草案」を日本政府に提示。
二月二十二日　日本政府はその内容に抵抗を示したものの、「マッカーサー草案」を日本政府案とすることを閣議で決定。
四月十七日　GHQとの折衝を経て、「日本政府憲法改正草案」として発表。
六月八日　枢密院、憲法改正草案を可決。
六月二十日　帝国議会で憲法改正草案を審議。衆議院を経て、貴族院でも可決（十月七日）。
十一月三日　天皇が日本国憲法を公布し、一九四七（昭和二十二）年五月三日より施行。

国会で審議され、可決・成立した経過からすれば、形の上では自主憲法ということにな

＊基本三原則……「マッカーサー・ノート」といわれるもので，①天皇制の存続，②戦争放棄と軍備撤廃，③封建制度の廃止。

る。しかし憲法問題調査委員会がまとめた「松本案」は、大日本帝国憲法の基本原則を継承するものであり、GHQが制作した「マッカーサー草案」とはその内容が大きく異なるものであった。その「マッカーサー草案」を政府案として国会で可決した経過からすれば、「GHQから押しつけられた憲法」ということになる。

燻り続ける憲法改正の議論

自主憲法であれ、与えられた憲法であれ、結果的に内容が良ければ良いではないかということであるけれども、今日も憲法改正の議論は絶えることなく燻(くすぶ)り続けている。それは、日本国憲法が掲げる内容と日本を取り巻く世界の現実の間に、あまりにも大きな相違が生じたためである。

日本国憲法の三大基本原則は、国民主権、平和主義、基本的人権の尊重である。国民主権と基本的人権の尊重の原則については、国民に定着し理解されていると言ってもよいけれども、憲法改正の中心的議題になるのが、平和主義(憲法九条)の条項である。

憲法九条で軍隊を放棄させられたわが国は、安全保障の面でアメリカに依存しなければならない国になされた。そのことを明確にするために制定されたのが「日米安全保障条約」であり、「日米地位協定」にほかならない。この条約によりわが国は、アメリカ軍に基地を提供し、戦後七十年が経過してもアメリカに従属していかなければならない国になったのである。

日本国憲法の平和主義

第二次世界大戦の惨禍を繰り返さない

日本国憲法の平和主義は、「前文」および「第二章　戦争の放棄　第九条」に規定されている。

前文（平和主義に関する部分）

日本国民は、〔略〕諸国民との協和による成果と、わが国全土にわたって自由のもたらす恵沢を確保し、政府の行為によって再び戦争の惨禍が起ることのないようにすることを決意し、ここに主権が国民に存することを宣言し、この憲法を確定する。

〔略〕

日本国民は、恒久の平和を念願し、人間相互の関係を支配する崇高な理想を深く自覚するのであって、平和を愛する諸国民の公正と信義に信頼して、われらの安全と生存を保持しようと決意した。われらは、平和を維持し、専制と隷従、圧迫と偏狭を地上から永遠に除去しようと努めている国際社会において、名誉ある地位を占めたいと思う。われらは、全世界の国民が、ひとしく恐怖と欠乏から免れ、平和のうちに生存する権利を有することを確認する。

第二章　戦争の放棄

第九条　日本国民は、正義と秩序を基調とする国際平和を誠実に希求し、国権の発動たる戦争と、武力による威嚇又は武力の行使は、国際紛争を解決する手段としては、永久にこれを放棄する。

第二項　前項の目的を達するため、陸海空軍その他の戦力は、これを保持しない。国の交戦権は、これを認めない。

この憲法の特色は、前文で、「政府の行為によって戦争の惨禍」にあった反省に立ち、全ての人が平和のうちに生存する権利（平和的生存権）を持つことを規定し、その目的を達成するために、第九条で具体的に戦争放棄、戦力の不保持、交戦権をも否定したことである。第二次世界大戦終了後に、憲法で侵略戦争を放棄した国は珍しくない。フランス、イタリア、韓国、西ドイツ（現ドイツ）などである。オーストリア憲法は永世中立を宣言している。ただし、韓国とフランスはその後憲法を改正して、戦争放棄の規定は廃棄された。しかし日本国憲法のように戦力の不保持や交戦権をも否認した憲法を存続させている国は珍しい。

絶対平和を貫いて、諸外国との協調関係の中で自国の繁栄を築いていくことが、憲法の精神である。日本国憲法が制定された背景には、第二次世界大戦のような惨禍を再び繰り返してはならないとの強い決意があった。また戦後、国際連合が設立されて、国連を中心にした世界平和の実現を信じ、その理想を実現しなければならないという願いもあった。

日本国憲法は、文言からすればそのような願いが込められた内容になっているけれども、アメリカの真意は、この憲法を日本国政府に強制し制定させることにより、日本をアメリカに立ち向かわせない国にすることであった。そしてその目的を具体化するために、強力な陸海軍を解体し、交戦権をも否定する憲法としたのである。

アメリカにより創設された警察予備隊

しかし国際社会の現実は、日本国憲法の理念をそのまま実現できるような甘いものではなかった。すでに一九一七（大正六）年には、ロシア革命によって帝政ロシアは崩壊してソビエト連邦が誕生しており、一九四九（昭和二十四）年には毛沢東による共産主義国家「中華人民共和国」が成立、社会主義国家はその数を増やしていった。米ソの対立は次第にエスカレートし冷戦状態に突入、一九五〇年には朝鮮戦争が勃発した。

このような社会主義国家の急増は、アメリカの対日政策をたちまち転換させ、日本をアメリカの同盟国として、共産主義の防壁にしようと考えるようになった。

マッカーサーは一九五〇年七月、警察予備隊七万五〇〇〇名の創設を指令し、八月に発足させた（これが再軍備の原点。現在の自衛隊）。日本国憲法により陸海軍が解体して、わずか三年後のことである。ここにアメリカが、徹底して国益のために日本を利用しようとする真意が現れてくる。そして、アメリカなしでは日本の安全保障は成り立たないような国にされてしまうのである。

しかも、日本国憲法は一言一句変えることもなかったので、自衛隊の充実・発展ととももに憲法との整合性が保てなくなるのは当然のことである。そのことが憲法の解釈を変えて辻褄を合わせていかなければならない理由となっているのである。

日米安全保障体制

東西冷戦が生んだ条約

世界情勢と日米安保条約

第二次世界大戦が終わると、間もなく戦勝国の中で主導権争いが激化した。アメリカ・イギリスなどの自由・民主主義国家とソ連を中核とする社会主義国家との対立で、両体制間に「冷戦」構造が生み出された。

東西対立はドイツや朝鮮半島に分裂国家を生み出し、冷戦構造の中で米ソは軍備拡張に狂奔し、核兵器やミサイル開発、宇宙開発にしのぎを削った。このような東西対立の中、一九五一（昭和二十六）年、サンフランシスコ平和条約締結により日本は独立することになったが、それはソ連・中国などを除いた四十九カ国との平和条約であった。

サンフランシスコ平和条約の調印と同時に締結されたのが日米安全保障条約（日本とアメリカ合衆国との間の相互協力及び安全保障条約）で、この条約によって日本は独立後もアメリカに基地を提供し、駐留軍によって国家の安全が保障されることになる。

米ソの対立は一層エスカレートし、共産主義国家の攻勢・拡大が著しい時代であっただけに、アメリカは日本が独立した後も日本に基地を持ち続ける必要があった。日本としても、「戦争放棄、戦力及び交戦権を否認」した憲法九条を制定し無防備だったので、アメリカ軍の駐留が必要であり、形の上では日本から頼んだことにして駐留が始まったとされている。

時代の流れの中で日本はアメリカによって反共の防壁にされ、沖縄は東南アジア防衛の要石に位置付けられた。日米安保条約はこの「東西冷戦」が生み出したものであり、アメリカの世界戦略が根底にあった。従って、主権を回復した日本にとっては不平等条約であり、在日米軍基地の提供・その自由使用、米軍人の司法上の優先権など日本側に不利な条項が多々決められている。米軍基地が七五％も集中している沖縄の被害は深刻で、軍事演習に伴う事故、駐留軍による犯罪など、事件発生時にはメディアも大きく報道するけれども、時間の経過とともに忘れ去られていく。その繰り返しである。

国際情勢はその後、大きく変化した。一九八五年、ゴルバチョフがソビエト連邦書記長に就任すると、ペレストロイカ（立て直し）を唱え、大胆な改革を実施する一方、アメリカとの軍縮交渉を進め、冷戦は終わった。一九八九年、ベルリンの壁が崩壊し、翌九〇年、東ドイツは西ドイツに編入され、ドイツ連邦共和国が誕生した。九一年にはソビエト連邦が解体し、ロシア連邦を中核に独立国家共同体という緩やかな結びつきになった。長く対立していた中・ソの仲も、一九八〇年代から雪解けムードが始まった。

米中関係も、一九七二年にニクソン大統領が訪中し、七九年に国交が正式に樹立された。年を経るごとに両国関係は経済交流を拡大していった。台・中（台湾と中国）関係も緊張緩和に向かっていった。このような国際関係の大きな変化にもかかわらず、日米安保条約は一九六〇（昭和三十五）年に改定された後、変わってはいない。

沖縄の基地返還へ　日本国の平和と安全は日本国民が負う

冷戦体制が崩壊し国際情勢が大変革をした時点で、日米安保体制の根幹を見直すべきであったのではないか。それを怠ったことが、その後も引き続き安全保障の面でアメリカに依存し、甘んじなければならない原因になっている。冷戦が崩壊した後も、日本の安全のためにはアメリカ軍が駐留するのは当然のことだと思う「寄らば大樹の陰」の感情が国民全体に根付き、政府・メディアでさえそのことに違和感を持たなくなっている。そのことが、戦後ほとんど一貫して政権を担ってきた自民党政権や二〇〇九（平成二十一）年に政権交代を果たした民主党政権も、日米安保条約の全面見直しや沖縄米軍基地の返還を本気で要求できなかった理由でもある。沖縄の基地に依存し、アメリカ軍の演習事故や軍人の犯罪に苦しむ沖縄県民の感情を無視してきた現状は、日本の真の独立という点からしても、是非改めなければならないことである。

「日本に駐留しているアメリカ軍の基地を返してください」と言うことは、主権国家として当たり前の要求であり、それを言うことが何故いけないのか。アメリカ政府はそれに真摯（しんし）に耳を傾けるどころか、不快感を示す。数多い基地の中の一つ、普天間基地の返還でさえ、アメリカ政府は様々な圧力をかけてくる。いまだに占領軍支配者の感覚である。

では、在日アメリカ軍の基地が撤去された時、日本の安全保障はどうなるのか、日本にとってプラスになるのかマイナスになるのか、主権をどうして守るのか――この基本が全く議論されないままに、アメリカ軍は既得権のごとく日本に駐留し続ける。

その根底には、経済大国になった日本を、安全保障の面ではアメリカの従属国家にしておきたいという魂胆が見えてくる。「日米安全保障条約」で確立された日米同盟に最も神経を尖らせるのは隣国のロシアであり中国であるはずなのに、両国ともあまり問題にしていない。アジアの経済大国日本ではあるけれども、安全保障の面ではアメリカに依存し、従属している国家である。アメリカとうまくやっていけば、日本はさほど問題ではないという本音が透けて見えてくる。主権国家日本としては情けないことである。

「沖縄の基地返還」を要求することが何故良くないのか。日本が真の独立国家を目指すならば、当然の要求である。そのことにより日米関係が悪化すると脅されるけれども、そうなったとしても、日本国民は要求し続け返還実現まで耐えていくしかない。ともかく日本国家としての進むべき方向（日本の自立していく姿）をアメリカに明確に伝えることがスタートラインである。日本がそこまで覚悟をした時に、アメリカはようやく真剣に考えるようになるのではないだろうか。

日本国の平和と安全は日本国民が負う。その基本に立脚した対等な日米関係が実現されない限り、日本は真の独立国家とは言えない。安全保障の面でアメリカ軍の駐留が本当に必要であると思うならば、沖縄のアメリカ軍基地は本土に移転すべきである。しかし、本土では何処も引き受けようとはしない。

国民主権を無視した憲法解釈

アメリカの国益と世界戦略によって拡充される自衛隊

日本国憲法に戦力の不保持と戦争放棄の第九条を入れたのは、「マッカーサー・ノート」に示されるように、アメリカの日本占領政策の基本であった。

アメリカの立場に立てば、極東の小国日本が四カ年にわたってアメリカ軍を苦しめたのであるから、勝利の暁には日本軍の解体は既定方針であったと言えよう。それは日本を再びアメリカに立ち向かわせない国にするためであった。第二次世界大戦は、敗戦国だけでなく戦勝国にも惨禍をもたらし、戦争が如何に無益なものであるかということを示した。

しかし、大戦後の平和な国際社会の到来を期待したのも束の間、戦勝大国間の対立が激化した。米ソの対立である。さらに中国における共産党政権の誕生や朝鮮戦争の勃発などの国際情勢を受けて、アメリカは直ちに日本の占領政策を転換した。それは非武装絶対平和から再武装への転換である。

マッカーサーの指令により警察予備隊が設置されたのは独立前であったけれども、独立後もこの路線は日本政府に踏襲され、保安隊を経て自衛隊へと装備は拡充されていった。そこに見えてくるのは、アメリカの国益と世界戦略の構図であり、当然ながら日本国民の民意は反映されていない。

国民主権については、日本国憲法前文で「日本国民は、正当に選挙された国会における代表者を通じて行動し、〔略〕ここに主権が国民に存することを宣言し、この憲法を確定する。そもそも国政は、国民の厳粛な信託によるものであって、その権威は国民に由来し、その権力は国民の代表者がこれを行使し、その福利は国民がこれを享受する」とし、第一条で「天皇は、日本国の象徴であり日本国民統合の象徴であって、この地位は、主権の存する日本国民の総意に基く」と規定している。

憲法九条の「戦力の不保持」の項を変えることなく警察予備隊を発足させ、自衛隊へと拡充・発展させていったことは、民意を問わずなされたことであり、憲法に違反し、主権者たる国民の総意を無視したことにならないのだろうか。

マッカーサーが日本国憲法を改正することなく、日本を再武装させるために理由付けをしたのが、「日本国憲法は自衛権を否定せず」という一九五〇（昭和二十五）年の年頭声明である。このマッカーサーの声明を日本政府も踏襲し、自衛隊を公認し装備の拡充をはかってきた。これは、憲法の理論的法解釈ではなく、こじつけである。「自衛権」は憲法で認めているとか認めていないとかいう以前の「自然権」であり、自分の生命や財産が理由なく他から犯されるならば、あらゆる手段を尽くして抵抗するのは当然のことである。

日本国憲法九条の真髄は、主権国家であれば当然存在する自衛権を、「軍隊の力」ではなく「諸国民との協和」と「諸国民の公正と信義」を信頼して、非武装で守っていくことを規定したことにある。

主権在民に立ち、憲法改正を国政選挙で問う

大日本帝国憲法の改正当時、陸海軍を解体することは国民の総意ではなかった。前述のようにGHQの日本占領政策の基本方針によるものであるけれども、この非武装平和を理想とした九条は、時間の経過とともに国民に次第に肯定されていった。しかし皮肉なことに、国際情勢はさらに緊迫の度を加え、憲法九条の掲げた理想とは大きくかけ離れていった。

国際情勢の激変を踏まえて、日本が独立した時点で、「憲法九条を改正するか否か」を問う国政選挙があってよかったのではないか。その結果として、国民世論が改正に反対し、非武装平和を望んだのであれば、アメリカ政府の圧力であっても、自衛隊は設置すべきではなかったし、ましてや装備を拡充してはならなかった。

国民世論が、無防備では真の平和は守られない、軍隊を持つべきだ、ということになれば、憲法九条を改正し、軍隊を持てばよかった。これが国民主権ということではないだろうか。「日本の国は日本人で守る」という基本原則に立っていれば、日米同盟ももっと対等なものになっていたはずである。憲法九条のままでの自衛隊の存在は、中途半端ですっきりせず、自衛官たちはプライドを持ちにくいのではないだろうか。

日本国憲法で「主権在民」を規定しながら、主権国家としての土台である安全保障の面では、民意は反映されてこなかった。常にアメリカの国益と世界戦略の影響を受け、妥協を強いられながらの外交と国防政策を続けてきた。このことが、わが国が経済大国になりながら、今日もアメリカの従属国家に甘んじなければならない悲劇を生んだのである。

国家の危機管理機能の低下

拉致犯罪と金大中氏事件

主権を侵害された二つの事件

『広辞苑』によれば、主権とは「その国家自身の意思によるほか、他の意思に支配されない国家統治の権力。国家構成の要素で、最高・独立・絶対の権力。統治権」と記されている。従って主権国家とは、その国が支配する領土・領海・領空に主権を完全に行使し得る独立国家のことである。その定義からすれば、わが国は完全な主権国家であるのか、と疑問を持たざるを得ない事件がいくつも発生している。その最たる例が「北朝鮮による拉致犯罪」である。

拉致の始まりは一九六〇年代になってからで、七〇年代後半から八〇年代に多発している。わが国の領土は海に囲まれているにもかかわらず、北朝鮮の工作船、工作員が自在に領海を侵犯して上陸し、多くの日本人が拉致された。その数は政府に認定されているだけでも十七人（二〇一五年時点）に及び、拉致された場所は新潟県を中心に石川・福井・富山・東京・鹿児島など広範囲である。主権国家としてこれほど名誉を傷つけられた事件はない。日本の領海・領土の警備はどうなっているのだろうか――疑問を抱かざるを得ない事件である。

政府は北朝鮮の拉致情報を摑んでいながら、二十年以上公表しなかった。それは北朝鮮との外交交渉の妨げになるという理由からであろうが、現在も日朝間の国交正常化は実現していない。その間、国会議員の超党派代表団が幾度も訪朝する機会がありながら、拉致事件については触れられていない。しかも拉致事件の事実があり、未解決であるにもかかわらず、食糧（米）援助は続けられていった。その援助米が飢えに苦しむ庶民の食卓に届けられたのであればまだしも、政府・党・軍などの支配階級に独占されたであろうことは想像に難くない。

メディアにも責任がある。日本各地で謎めいた行方不明者が多数発生しながら、まともな報道をしてこなかった。社会の公器として真実を国民に知らせる義務がありながら……。

政府が拉致の情報を摑んだその時点で公表し、朝野（ちょうや）を挙げて救出に取り組んでいたならば、拉致被害者は最小限に留まっただろうし、早期解決の糸口も見出されたのではないだろうか。ようやく一九九七（平成九）年に「北朝鮮による拉致被害者家族連絡会」（家族会）が結成され、救出活動が活発化した。翌九八年に活動を開始した「北朝鮮に拉致された日本人を救出するための全国協議会」（救う会）の調査では、「拉致の確率が高い」とされる人は七十五名（二〇一五年時点）とされている。

二〇〇二（平成十四）年九月の小泉純一郎首相の北朝鮮訪問による金正日（キムジョンイル）国防委員長との日朝首脳会談で、五名の拉致被害者の帰国が実現したけれども、その後は全く進展していない。

次に「金大中（キムデジュン）氏事件」である。これは一九七三（昭和四十八）年八月八日、反政府運動を展開中の韓国・新民党所属の元大統領候補・金大中氏（のち大統領）が韓国工作員によって東京のホテルから拉致され、殺害されようとした事件である。金大中氏自身、日本での身の安全を信じ、拉致されるなど思いもしなかったことであろう。金鐘泌（キムジョンピル）首相の訪日、謝罪によって、一応の政治決着はしているけれども、わが国にとって重大な主権侵害事件である。

育っていない、憲法を守る風土

主権が侵されたということについて、国民感情はあまり盛り上がらなかった。それは戦後の国内平和と平和教育によって、国民の多くから最も大切な「危機管理意識」が乏しくなっていったからではないだろうか。戦後のアメリカ頼みの中で、日本国家としての「危機管理機能」が低下してきたのである。

日本国民が〝平和ボケ〟している間も、国際情勢は刻々と変化し、緊張の止むことはない。平和教育だけで身の安全は守れない。国民全体としても怒りが盛り上がらず無関心層が増加しているし、国家としての守りの甘さが暴露された忌まわしい事件である。

憲法第十三条には、次のように規定されている「すべて国民は、個人として尊重される。生命、自由及び幸福追求に対する国民の権利については、公共の福祉に反しない限り、立法その他の国政の上で、最大の尊重を必要とする」と。

拉致事件は、この憲法が保障している「生命、自由及び幸福追求」の権利が完全に奪われてしまった事件である。国家の最大の任務は、自国民の生命と安全を保障することである。

また、憲法第九十九条には、「天皇又は摂政及び国務大臣、国会議員、裁判官その他の公務員は、この憲法を尊重し擁護する義務を負う」と規定している。しかしこのような優れた人権尊重の憲法を持っていても、その憲法を守る風土が育っていなければ、憲法は有名無実になってしまう。今の日本はそのような状況であると言っても過言ではないように思われる。

自衛戦力の拡充と憲法九条

解釈改憲により本来の意味を失う

制定当初の理念「新しい憲法のはなし」

警察予備隊は保安隊を経て自衛隊へと改組され、防衛力整備計画の名の下に、膨大な国費を支出して拡充されていった。それは憲法改正の手続きを経ないまま実行されていった。戦力の不保持を規定した憲法を一言一句変えることなく軍備を拡充するには、憲法の解釈を変えることによって、既成事実を積み上げるという方法で進める他になかったのである。

日本国憲法を制定した当初、政府は新生日本の平和主義を理解させるために、文部省編『あたらしい憲法のはなし』「六　戦争の放棄」（一九四七年。中学校一年生用の社会科教科書）で、次のように述べている。

いまやっと戦争はおわりました。二度とこんなおそろしい、かなしい思いをしたくないと思いませんか。こんな戦争をして、日本の国はどんな利益があったでしょうか。何もありません。ただ、おそろしい、かなしいことが、たくさんおこっただけではありませんか。戦争は人間をほろぼすことです。世の中のよいものをこわすことです。だから、こんどの戦争をしかけた国には、大きな責任があるといわなければなりません。〔略〕

そこでこんどの憲法では、日本の国が、けっして二度と戦争をしないように、二つのことをきめました。その一つは、兵隊も軍艦も飛行機も、およそ戦争をするためのものは、いっさいもたないということです。これからさき日本には、陸軍も海軍も空軍もないのです。これを戦力の放棄といいます。「放棄」とは、「すててしまう」ということです。しかしみなさんは、けっして心ぼそく思うことはありません。日本は正しいことを、ほかの国よりさきに行ったのです。世の中に、正しいことぐらい強いものはありません。

もう一つは、よその国と争いごとがおこったとき、けっして戦争によって、相手をまかして、じぶんのいいぶんをとおそうとしないということをきめたのです。おだやかにそうだんをして、きまりをつけようというのです。なぜならば、いくさをしかけることは、けっきょく、じぶんの国をほろぼすようなはめになるからです。また、戦争とまでゆかずとも、国の力で、相手をおどすようなことは、いっさいしないことにきめたのです。これを戦争の放棄というのです。そうしてよその国となかよくして、世界中の国が、よい友だちになってくれるようにすれば、日本の国は、さかえてゆけるのです。

この『あたらしい憲法のはなし』から分かるように、憲法制定の初期の政府の解釈は、憲法の原文そのままの非武装中立を理想とした。すなわち軍隊（戦力）を持たないで平和を保つ解釈であった。

自衛権の名の下に拡大解釈された平和憲法

政府は、警察予備隊が設立された当初は軽装備であったので、「警察予備隊は軍隊ではなく、文字通り国内治安を守るためのものである。従って憲法違反ではない」と国会答弁を繰り返していた。しかし警察予備隊が保安隊を経て、自衛隊へと改組され、防衛力整備計画によって、重装備の自衛隊に生まれ変わると、最早自衛隊は軍隊ではないと釈明することができなくなっていった。

わが国が法治国家であるならば、憲法九条で規定している「戦力の不保持」の条項を改正しなければ、自衛隊は持てないはずである。日本国憲法は、大日本帝国憲法のように不磨の大典ではなく、九十六条で憲法改正について定めている。それによれば憲法改正は、「各議院の総議員の三分の二以上の賛成と、国民投票により過半数の賛成が必要である」としている。

鳩山一郎内閣（一九五四〜五六年）は九条改正に積極的であったけれども、野党や民間の反発が強く、改正に必要な議席数が得られる状況ではなかった。そこで政府自民党は、九条は自衛権を否定したものではないとして、憲法解釈を変えることによって、なし崩し的に改憲と同じ状況を作り出していった。これが「解釈改憲」といわれているものである。その結果が、自衛隊は憲法違反ではないという政府の統一見解になった。

自衛権の名の下に憲法はさらに拡大解釈され、岸首相は「自衛のためなら核兵器保有も可能」と参議院内閣委員会（一九五四年）で答弁するに至った。「解釈改憲」によって、平和憲法は捻じ曲げられ骨抜きにされ、制定当時の本来の意味を失ってしまった。

それは日米同盟のために、アメリカの国益と世界戦略の政策の中に日本が組み込まれていった歴史であったとも言えよう。そしてその状況は今日もなお続いている。

激動する国際社会の中で、憲法九条の理想主義だけでは主権は守れない。その現実を国民は認識して、日本国は日本国民が守るという当たり前の理念に立ち返り、早い時期に憲法改正問題を国民的議論にしなければならなかったのではないか。

国際情勢の激動の中で、戦後のわが国は、常にアメリカの先導と圧力の中で外交・防衛政策を強いられてきた。戦後、経済成長に成功し経済大国になったけれども、為政者は国益を守る主体性に乏しく、このような国ほどアメリカにとって利用価値のある国はないのではないか。しかし利用価値がなくなれば、アメリカは日本を見放すであろうことは目に見えている。主体性のある日本外交の回復が望まれるところである。

日本国憲法の問題点

第九条と改正規定

第九条と自衛隊の整合性

日本国憲法が制定されて、六十八年が経過（二〇一五年時点）したが、激動する国際情勢の変化の中で、問題点が露呈してきた。

その第一は、第二章第九条（戦争放棄）の規定である。日本国憲法は、日本政府が作成した改正案（松本試案）が拒否され、アメリカによって与えられたものである。終戦直後は敗戦国はもちろん、戦勝国も戦争の惨禍を認識し、全世界が平和を希求した。そのような戦争直後の国際情勢の下では、日本国憲法に人類の願いが込められたとも言える。しかしその後の国際情勢は、日本国憲法の精神とはおよそかけ離れた歴史を刻み今日に至っている。

第二次世界大戦が終わると間もなく、戦勝国の中の米ソの対立、中国共産党政権の樹立、朝鮮戦争の勃発、東ヨーロッパの共産化等々、世界は米ソの二大陣営に分割され、東西冷戦に突入していった。そのような国際情勢を受けて、一九五〇（昭和二十五）年に警察予備隊が創設されたが、これもアメリカの指令である。アメリカは日本を、拡大する共産主義勢力の防波堤にしようと占領政策を変更した。しかし、それに伴う憲法九条の改正は行われなかった。憲法の条文は一言一句変えていないので、その後自衛隊の存在と憲法の内容との整合性が問われることになる。そこで政府は憲法の解釈を変えることにより辻褄を合わせてきた。

時代の変化に対応できる改正規定に

第二は、現憲法下の規定では憲法改正が困難な規定になっているということである。第九十六条の改正条項で次のように明記されている。

「この憲法の改正は、各議院の総議員の三分の二以上の賛成で、国会が、これを発議し、国民に提案してその承認を経なければならない。この承認には、特別の国民投票又は国会の定める選挙の際行われる投票において、その過半数の賛成を必要とする」

この憲法の改正には、二重の歯止めがされていて、両議院で総議員の三分の二以上の賛成と、その上国民の過半数の賛成を必要とすることは、現実的には大変困難である。それ故、その都度憲法の解釈を捻じ曲げ、法律を制定し急場をしのぐ政策を取ってきた。

国連の平和維持活動（ＰＫＯ）に対しては、わが国は憲法の制約から資金援助に留めてきた。湾岸戦争（一九九〇年）では、自衛隊の派遣を拒否し、総額一三〇億ドルという多額の資金協力を行った。それにもかかわらず国際社会の評価は低かった。このような国際情勢を踏まえて、一九九二（平成四）年、「国際連合平和維持活動等に対する協力に関する法律」（ＰＫＯ協力法）を制定し、自衛隊の国連ＰＫＯへの参加を可能にした。

一方ドイツは、第一次・第二次世界大戦ともに敗戦国になり、国家が東西に二分され、首都ベルリンも東西に分割された。日本とは比較にならぬ苦難と悲劇の歴史を歩むことになるが、その苦難を乗り越え、経済大国としての地位を築くだけでなく、真の独立国家として復活した。ドイツは統一前、東ドイツ・西ドイツそれぞれの憲法を持っていたけれども、一九九〇年の統一後は西ドイツ憲法が採用された。その後も憲法改正がたびたび行われ、現在では、「再軍備」を憲法で認め、国際情勢の多様な変化に柔軟に対応可能な憲法に改正されている。

わが国では憲法が制定されて以来、全く改正されていないので、国際情勢の変化に対応できない点が生ずるのは当然のことである。従って政府は憲法の解釈を変えて対応してきたけれども、このようにその時の政権によって、最高法規の憲法を都合よく解釈して対応することが慣例化すれば、第九十八条で定められた「憲法擁護の義務」を自ら否定することになり、法治国家の原則が揺らぐことにもなりかねない。

だからこそ、時代の変化に対応できる内容にするために、憲法改正の規定をもっと柔軟な規定にしておく必要がある。時の政権によって都合よく憲法を解釈してきた「解釈改憲」を、今後も続けていくのは許されないことである。

安全保障の面から考える日本の国家体制

アメリカに依存せず、独自の防衛・外交政策を

日本国憲法の目指す国際協調の精神は、人類の切実な願いではあっても、到底実現されないことを、人類の長い闘争の歴史が物語っている。第二次世界大戦の惨禍の反省も束の間、国際情勢は東西対立の厳しい冷戦状態に突入していった。

東西冷戦の激化の中で、日本の防衛はアメリカの世界戦略の中に組み込まれ、憲法を改正しないまま自衛隊を拡充し、平和維持活動とはいえ海外派兵まで行ってきた。それもアメリカの面子を立てるためである。自衛隊の海外派兵では、歴代の自民党政権は憲法の本質論議をせずに解釈を変更し、ＰＫＯ協力法を成立させて切り抜けてきた。憲法は踏みにじられ、その精神は風前の灯になっていった。世界の国々の中でも奇異な国である。

それにしても法治国家として、最高法規である憲法について、時の政権によって都合よ

く解釈が変更されてよいのであろうか。

一国が独立国家として主権を維持していけるかどうかは、その国の安全保障の能力にかかっている。その安全保障の能力を高めるためには国家の経済力が欠かせない。日本ほどの経済大国で、アメリカ一国の安全保障のネットで覆われた国は他にはない。真の独立国家としての国家体制が問われるところである。

今後ますますグローバル化していく国際情勢の中で、独立国家として主権を維持していくための国家体制を安全保障の面から考えてみよう。

① 「戦争放棄、戦力及び交戦権の否認」を定めた憲法九条の理想実現のために、非武装を貫き豊かな経済力を生かし、全方位中立外交で日本の安全を守っていく国家体制。しかし、日本だけが理想を掲げても、果たして主権が守られるであろうか。主権侵害が発生し、独立が脅かされる事態が生じた時、対応の手段はあるのだろうか、不安は消えない。国際社会の現状を考える時、日本がどんなに誠実に諸外国に対応しても、主権の侵害は起きてくる。

② 自衛の軍隊を容認しても、自衛隊だけで国の安全は守れないとすれば、最も安易な方

策は、同じ価値観を有する資本主義・自由主義の巨頭アメリカに依存する国家体制である。今日までわが国は、その方針でやってきたけれども、当然その代償としてアメリカに基地を提供し、アメリカ軍の駐留費用など応分の負担はしなければならない。また軍事演習による騒音や事故による被害、駐留軍や軍属による犯罪の被害などは辛抱しなければならなくなってくる。

③それでは独立国家としての体面が保てないとするならば、第三の道は憲法九条を改正し、自衛軍の保持を明記することである。日本の国は日本国民が守るという国家体制である。その時点で日米安保条約は一旦解消し、その上で新たにアメリカと日米安全保障条約を締結するとすれば、初めて対等な条約になり、対等な外交関係が樹立されることになる。

ところが日本は戦後、国家体制のあり方について議論を深めることを避けてきた。国際情勢の激動と変遷に即応して日本独自の防衛政策を立て、外交政策を樹立することも避けてきた。それはアメリカが、日本の独立後も日本をアメリカの世界戦略の中に組み込み、アメリカの国益に反する行動が取れぬよう外堀を埋めたからである。正に一蓮托生の観をまぬかれない結果になされたと言ってもよいであろう。

自衛隊の保有を規定することが自立のスタート

それにしても、日本は不思議な国である。自衛隊は年々強化され、平成二十七年度の防衛予算では約五兆円が計上された。主要国の近年の国防予算と比較しても、常に世界の中で四、五位に位置している。今や世界のトップ・レベルの装備を有する軍隊に成長している。

それでも憲法改正は避けてきた。アメリカからの要請があれば、すでに記したようにPKO協力法を成立させて自衛隊の海外派兵を承認し、アメリカの意向に沿ってきた。為政者をはじめ、国民はそのことに疑問さえ抱かない。アメリカにとってこのような都合のよい国はないであろう。世界に類例のない摩訶(まか)不思議な国である。

日本の国家体制ということからすれば、極めて不透明な国である。真の独立国家はどうあるべきなのか、日本国民の尊厳を基本に考えを深め、主権を守る自衛隊の保有を最高法規の憲法に規定することが、日本が真に独立国家として自立していくスタートである。

憲法を改正して自衛隊の保持を明記することは、何も軍事大国になることを目指すのではない。

自衛隊は専守防衛に徹し、海外派兵においては、「国連の要請による平和維持活動以外には参加しない」とか、「非核三原則」などきめ細かな歯止めの規定を明記すればよい。最高法規である憲法に規定したならば、規定は厳格に守らなければ意味はない。時代の経過の中で規定が合わなくなれば、国民の総意でその箇所を改正していけばよい。

憲法の条文を全く変えずに、解釈を変えることによって運用することを慣例化するならば、規則は空洞化され、規則の意味は失われてしまう。憲法九条に関しては、日本はそういうことを繰り返してきた。

第3章
日本の外交と政治

核軍縮

広島・長崎後の核開発

第二次世界大戦も末期に近づいた一九四五（昭和二十）年七月十六日、アメリカはニューメキシコで原子爆弾の実験に成功した。すでにこの時点で日本は制空権・制海権を奪われて全国土が空爆を受け、敗北の色が濃厚になっていた。それにもかかわらず、アメリカは何故原爆を投下したのであろうか。それまでの通常兵器とは全く異なる核分裂による新兵器の威力を世界に示したかったのであろう。放射線で焼き尽くす非人道的な新兵器の破壊力のすさまじさは想像をはるかに超えて、開発したアメリカをも驚愕させた。

その上に何故、アメリカはさらに二発目を長崎に落としたのであろうか。一刻も早く戦争を終結させるため、という表向きの理由付けをしているけれども、アメリカの本音は、敵国日本での人体実験の試みではなかっただろうか。

原爆ほど残酷な兵器はない。この二発の原爆によって、どれほど多くの罪のない市民が辛酸をなめたことであろう。広島・長崎の原爆資料館を訪ねれば一目瞭然である。アメリカの原爆投下は明らかに国際法違反であるけれども、アメリカは一切そのことに触れようとはしない。しかし歴史の経過の中で、このことは必ず断罪される時が来る。

広島・長崎で示された生き地獄からすれば、直ちに核廃絶に向かうべきところを、主要国は自国も早く原爆を開発しようと考えた。アメリカは独占したかったのであろうが、二年後にはソ連（現ロシア）が核実験に成功した。以後、英・仏・中が保有国になった。すべてが国連の安全保障理事会の常任理事国である。これら大国は、核兵器の開発と国力の誇示を何より優先し、核兵器を持った国と持たない国とで圧倒的な国力（軍事力）の差を生ぜしめた。

東西冷戦の中で、米ソは水爆実験に成功し、さらに核弾頭ミサイルの開発へと軍拡にしのぎを削ってきた。国連の常任理事国は核の保有をせめて五カ国に留めておきたかったのであろうけれども、イスラエル、インド、パキスタン、北朝鮮が核保有国になり、イランも保有へ動き出している。今や核兵器は先進国だけでなく、開発途上国であってもその気になれば保有できるようになった。

米ロが率先して自国の核軍縮を

一九六八年に核拡散防止条約（NPT）が締結された。これは、核兵器を保有できる国を米・ソ・英・仏・中の五カ国に限定し、それ以外の国による核兵器の製造・取得を禁止する条約である。被爆国である日本も一九七六年に批准したけれども、そもそもこの条約は不平等条約である。安保理五大国によって核兵器を独占し、軍事力の優位を保とうとするエゴイズム以外の何ものでもない。国連において米・英対ソ・中は何かにつけて対立し、そのたびごとに拒否権を乱発し国連の機能を麻痺させながら、こういう互いの国益が合致することには賛同するのである。

世界の中には、核兵器を持つことによって自国の軍事力を誇示したいと願う国が増えて、核保有国は次第に増加していった。核兵器を持つことによって、外交交渉を有利にしたいという狙いが見えてくる。常任理事国だけの核の保有を公認し、他国の核保有を阻止しようとする大国エゴイズムを放置していては、真の核の拡散防止は不可能である。まずは米ロが、他国の動向ではなく、自国の核軍縮を率先して実行することである。その上で他国に核軍縮をアピールし、核拡散防止に努力しない限り、今後、核兵器保有国は確実に広がっていく。

　核兵器をテロリストが使用することも考えられる時代である。核兵器を保有しているか否かで、軍事力の差があまりにも違ってくる。それを証明したのが広島・長崎の原爆の威力であった。第二次世界大戦時、もし日本がアメリカと同時に原爆を開発したと仮定した場合、広島に原爆が投下され、直ちに日本がアメリカ本土に原爆を投下したとすると、アメリカは二発目を長崎に投下したであろうか。投下されたら直ちにお返しの原爆をアメリカ本土に投下する。核爆弾の恐るべき破壊力を戦争の当事国が共に知れば、戦争継続は不可能になり、日米両国はすぐさま講和条約を締結したであろうことは想像できる。すでに記したように、核兵器を持つことが如何に絶大な軍事力を持つことになるのかを、如実に示したのが広島・長崎の原爆投下であったと言える。

　一九七五（昭和五十）年、石油危機による世界経済の混乱に共同で対処し、経済政策の協調を目的に、先進国首脳会議（サミット）が開かれた。参加国は日・米・英・独・仏・伊で発足したが、その後カナダとＥＣ（欧州共同体）代表が加わった。さらにロシアが加わり、主要八カ国首脳会議（Ｇ８サミット）として、毎年参加国の持ち回りで開催されている。しかし、二〇一四年ロシアがクリミア半島を併合したため、以後ロシアの参加が拒否されＧ

7に戻っている。

日本が主催国になった時、東京・沖縄・北海道を会場として使用したけれども、残念ながら広島・長崎を会場とすることはなかった。二〇一六年日本で開催されたサミットも、会場は三重県志摩市（伊勢志摩サミット）であった。唯一の被爆国として核廃絶を国是とする日本にとっては、絶好の機会であったにもかかわらず、政府にそのような動きは感じられなかった。アメリカ政府に対する遠慮からであろう。

広島か長崎でサミットを開催すれば、主要国の首脳は否応なしに原爆資料館を訪れざるを得ないし、核兵器の恐怖を身をもって体験せざるを得ない。核軍縮の方向付けに、これほど強いインパクトはないように思われるのだが……。しかし日本の政治家はそういうことは考えないようである。如何に核軍縮を声高に唱えても、ただ聞き流されてしまう。核保有国の指導者に、広島・長崎の惨状の資料に接してもらうことが核廃絶への第一歩である。

ところで今回の伊勢志摩サミットでは、首脳会議終了後にオバマ大統領が、アメリカの現職大統領としては初めて広島を訪問した。

彼は二〇〇九年、プラハ演説で「核なき世界」を訴え、ノーベル平和賞を受賞した。この演説により世界の人々は、核軍縮に向かって大きく前進するであろうことを期待した。しかし現実は米ロの戦略核兵器削減は実現せず、ロシアによるクリミア併合で、両国関係は決定的に悪化した。アメリカ独自の核兵器削減も進まず、オバマ大統領の思いとは裏腹に、実績の乏しきものとなった。八年間の任期を終えるに当たり、最後は広島を訪問することにより、平和を愛した大統領としての名を残したかったのであろう。

今までも世界の著名人が広島を訪れているけれども、核軍縮にはほとんど結びついてはいない。世界の指導者は、まずは核と人類は共存できないことを認識することである。

国際連合の改革急務

戦勝国中心の機構

第一次世界大戦のパリ講和会議（一九一九年）からわずか二十年にして、第二次世界大戦が勃発した。第二次世界大戦は、第一次世界大戦をはるかに超えた物量と科学技術の戦いとなった。レーダー、ロケット、原子爆弾などが登場し、その破壊力は想像を絶するものになり、第一次世界大戦の死傷者は三千万人に対し、第二次世界大戦の死傷者は五千万人以上であるといわれている。しかも現代の戦争は、戦闘員だけでなく、一般市民・非戦闘員の犠牲者が際立って増加している。この現実に鑑み、戦後の国際平和維持機構として設立されたのが国際連合である（一九四五年国際連合憲章採択、翌四六年より活動開始）。

日・独・伊などの枢軸（すうじく）国と戦って勝利した連合国五十一カ国で発足したが、二〇一五年現在、一九三カ国が加盟するまでに拡大した。第一次世界大戦後に集団的国際安全保障機構として設立された国際連盟の失敗の反省から、最強国になったアメリカのニューヨークに本部を置き、戦勝国の発言を大きくしたことが特色である。

主要機関として総会、安全保障理事会、経済社会理事会、信託統治理事会（一九九四年で活動終了）、事務局及び国際司法裁判所があり、それらの下に、多くの補助機関や専門機関を有している。それら諸機関の中で、国連の中核として国際平和と安全の維持の役割を担っているのが安全保障理事会である。常任理事国のアメリカ、イギリス、フランス、ソ連（現ロシア）、中国の五カ国と非常任理事国十カ国（任期二年）で構成されている。国連の公用語は英・仏・露・スペイン・中国・アラビア語の六言語である。

常任理事国の五カ国はすべて第二次世界大戦の勝利国であり、拒否権（安全保障理事会で常任理事国の一カ国でも反対すれば、議案は議決できない）という強大な特権が与えられている。

第二次世界大戦後の東西冷戦構造の中で、米ソによってこの拒否権が乱発され、安全保障理事会の審議が機能しなくなったのは、語るに及ばないことである。拒否権は常任理事国の国益と駆け引きに利用され、国連憲章の理念は遠のいていった。

戦後から時を経るごとに、連合国からすれば、対戦時の敵国も次第に国連に加盟し、新たに独立した国々も加盟していき、先述のように五十一カ国で出発した国連は、一九三カ国に増加した。発足時の四倍近い増加である。

国際社会の現状からして、第二次世界大戦の戦勝大国だけが常任理事国を独占している仕組みは再検討の必要があるが、議論はされていても進展はしない。常任理事国はそれぞれ立場を異にしながら、自国の国益を守ることに汲々としている。国連憲章の中では、全く死文化した「旧敵国条項」が未だに削除されていない。憲章の国際協調と平和の実現の理念とは裏腹に、国連の姿は大国の国益と面子丸出しの駆け引きの場になっていった。

地球的規模の危機に対して、国際的連帯を

世界大戦こそ起こらないけれども、民族紛争、宗教紛争、テロ行為など地域紛争は収束するどころか、むしろ拡大し難民が増加している。加えて地球温暖化、食糧危機、水不足、世界的金融危機、新型インフルエンザ、エボラ出血熱の国境を越えての流行など、世界は問題山積である。日本は一貫して国連の道義的役割に期待をかけてきたけれども、国連にあまり期待しない醒(さ)めた〝国連離れ〟の国も出てきている。

第二次世界大戦後の冷戦構造は崩壊し、独立国家の急増、国連加盟国の増加など国際情勢は大きく変化したにもかかわらず、戦勝大国中心の国連の機構は改革されてはいない。

国益が複雑に交錯する現代の国際社会において、国連の機能を発揮させるためにはどうあるべきか、大局的立場での改革が求められている。

その上で地球的規模の様々な危機に対しては、国際的連帯が何より必要であり、その役割は国連しかないことを全ての国々は認識すべきであり、一国の国益を超えて連帯していく以外に地球を救う道はない。

国益を守る政治

郵政民営化

強者の論理、ネオ・リベラリズム

「日米同盟」と言えばいかにも対等な外交関係のように思われるけれども、現実には日本はアメリカの従属国家である。外交や安全保障の面だけでなく、日本が経済成長に成功し経済大国になってからは、経済の分野にまでも圧力をかけてくるようになった。

一九八〇年代、ネオ・リベラリズム（新自由主義）による経済政策が、米・英を中心に国政の中核となり広がっていった。日本では中曽根政権下で取り入れられ、三公社（日本電信電話公社、日本国有鉄道公社、日本専売公社）が分割民営化された。この経済理論は、国家による経済への過度の介入を避け、個人の自由と責任を重視する自由競争と市場原理に基づく考え方である。言葉だけを捉えると響きがよく、民主的な政策のように理解されがちであるけれども、実際は弱肉強食の弱い者いじめの強者の論理に他ならない。

二〇〇一（平成十三）年に成立した小泉内閣は、歴代内閣の中でも際立った日米友好の政策を演じた。経済政策においては新自由主義を徹底し、「構造改革なくして景気回復なし」、「聖域なき構造改革」、「三位一体改革」*など格好の良い語呂の下に、様々な規制緩和を断行していった。

そして小泉内閣が「官から民へ」のキャッチフレーズを掲げて実行しようとしたのが郵政民営化であった。郵貯・簡保、合わせておよそ三百兆円、この膨大な国民の資産が民営化によって国民の利益拡大のために、また日本経済活性化のために使われるものと国民は理解していた。しかし真実は、この国民の虎の子の資産を狙っていたのはアメリカで、小泉政権はまさにアメリカの要請に応えるために郵政民営化を実施しようとしたのである。その後政局は混乱し、国民は自民党から民主党への歴史的政権交代を選択した。民主党の鳩山政権は、郵政株式の売却を一時凍結する法律を成立させ、ぎりぎりのところで日本国民の資産を守り得たのは、不幸中の幸いであったと言えよう（民営化は実施）。

小泉内閣による構造改革は国民に何をもたらしたのであろうか。自由主義経済の中に社会保障制度をうまく取り入れた日本らしい調和の取れた共同社会の土台を崩壊させた。その結果、貧富の差が拡大し、景気は悪化し、大衆は就職難に苦しみ、日本経済を支えてき

*三位一体改革……国から地方への①権限移譲，②財源移譲，③それに伴う補助金の削減を同時に行うということ。

た中間層も細くなっていった。小泉総理の華やかなパフォーマンスとは裏腹に、国民にとっては良い結果をもたらさなかった。しかも小泉内閣は、構造改革によって生じたリスクに対して何の対策も講ずることなく、二〇〇六（平成十八）年総辞職した。

市場原理により破壊されつつある農山村

第一次産業を経済原理だけで論ずるのはきわめて危険な考え方である。農山村の人々は、市場原理には合わないけれども、先祖伝来の農地・山林を守り、調和のとれた日本の景観を守ってきた。農山村の根底が崩壊した時、日本の姿がどのような状況になっていくのか、真剣に考えてみるべきである。

今や農山村では、家を守らなければならない長男でさえ、故郷を去り都会へと流れていく。しかし、農山村を捨てた若年労働者が都会へ都会へと流出した時、国家はその人々に就職の保証ができるのだろうか。現在、高校・大学の新卒者でさえ就職難にあえいでいる状況であり、ましてや中高年齢者の失業者が再就職することなどできるはずがない。従って生活保護者の数は増えるばかりである。農山村の若年労働者が故郷を捨てざるを得なくなった時、農山村は限界集落の道をたどり、廃村へとつながっていく。今の日本の政治には国益を守る当たり前の政治の基本が定まっていない。

真の主権国家として存立するためには、最低二つの条件が必要である。一つは自国の平和と安全を守る国防であり、二つ目は国民の食糧を確保することである。国防の安全保障をアメリカに握られ、食糧の自給率が今また市場原理主義の効率経済によって低下しようとしている。何としても日本の農業を守らなければならない。

裏切られた政権交代

アメリカの圧力と「日米地位協定」

対米従属政治からの脱却を目指した民主党

わが国は第二次世界大戦の筆舌に尽くしがたい惨禍の後に、ようやく民主主義国家としての国家体制を整えた。一九四五（昭和二十）年十二月の選挙法改正により、婦人参政権が認められ、長年の願望であった普通選挙が実現した。そして日本国憲法第十五条第三項で、「公務員の選挙については、成年者による普通選挙を保障する」と規定した。この規定により、ようやくわが国でも、第一党になった政党が政権を担う政党政治が可能になった。

それから今日まで七十年、そのほとんどを自民党を中核とした連立内閣が政権を担い、その間に非自民の政権交代がされたのはわずかに三回である。

第一回目は、一九四七（昭和二十二）年の片山哲内閣（日本社会党・民主党・国民協同党の保革連立政権）。第二回目は、一九九三（平成五）年の細川護熙（もりひろ）内閣（総選挙の結果、与党自民党の議席が過半数に達せず、野党八党・会派が連立して発足した政権）。しかし政権交代はしたもののの、いずれも一年足らずの短命政権に終わっている。

これに対し、第三回目の二〇〇九（平成二十一）年の鳩山由紀夫内閣の樹立は、戦後の憲政史上初の本格的政権交替になった。

自民党は解散前の三〇〇から一一九議席に激減し、民主党は一一五から三〇八議席へ大躍進し、民主党・社民党・国民新党連立による鳩山政権が発足し、国民の内閣支持率は七割を超えた。

鳩山首相は、長い自民党政権下で根付いた対米従属政治からの脱却を目指した。彼が掲げた自主外交路線に二つの柱がある。一つは在日米軍基地のあり方についての見直しで、具体的には普天間基地の国外移転、最低でも県外移設を二〇一〇（平成二十二）年五月までに結論を出す、としたことである。二つ目は、東アジア共同体構想であり、アジア外交の強化である。しかしこの鳩山首相の外交方針は、アメリカの逆鱗に触れ、この内閣もまた九カ月で辞任に追い込まれる運命になった。

メディアの報道も冷たかった。鳩山首相の熱い思いを実現するために、首相を支えなければならない当時の外相や防衛相をはじめその他の国務大臣も、任命者鳩山首相の方ではなく、アメリカ大統領の方に顔を向けていた。そして両大臣とも「普天間基地の県外移設は難しい」旨表明していた。外務省や防衛省の官僚も非協力で、鳩山首相は孤立無援の状況に追い込まれていった。このような状況で、国益を守る自主外交などできるわけがない。

鳩山首相が掲げた「普天間基地を国外へ、最低でも県外へ」という外交政策は、国民の願いである。ならば首相から任命された国務大臣は首相を擁護し、行動を共にしなければならないのに、アメリカ政府の動向に気をとられてしまう。

アメリカの要人が政治家や官僚に圧力をかければ、たちまちその方向に従ってしまう。アメリカにとって、このように御しやすい国は日本以外にはないであろう。アメリカは苦労することなく、日本を従属国家にすることができるのである。


小沢一郎氏もまた然りである。彼は二〇〇九（平成二十一）年、「米軍の駐留は第七艦隊だけで十分である」旨の発言をし、またアジア外交を重視する信条から、同年六二六人を連れて訪中したことから、反米政治家の烙印（らくいん）を押された。アメリカに拒絶された小沢氏は、西松建設からの政治献金問題がクローズアップされ、秘書が逮捕されるという事件に発展した。

民主党政権樹立の最大の功労者は、鳩山由紀夫氏と小沢一郎氏である。その鳩山氏は国益を守るために正論を掲げて論陣を張ったために、総理大臣の座を追われ、小沢氏も同じく自主外交を目指し行動したために総理大臣を目前にして政治生命を絶たれる結果となった。

小沢氏の政治献金問題は、裁判の結果無罪にはなったものの、民主党の内紛から反小沢派より外堀が埋められ、民主党を離党せざるを得なくなった。国益を守ろうと努力している政治家が次々と政治生命を絶たれていく。

その裏には、アメリカが自国の国益を守ろうとする本音の部分が見えてくる。アメリカは表舞台に出ようとはしない。日本の親米派の政治家や官僚に圧力をかけ、メディアを利用して日本人の手によって、自主独立派の政治家をトカゲの尾を切る如く葬っていく（孫崎享著『戦後史の正体　1945－2012』参照）。日本外交の真実はほとんど国民には知らされず、その表面だけが報道され、大多数の国民はそれを真実だと思わされる。

鳩山政権の状況を見ていた菅直人氏は、政権を取るや親米派に鞍替えし、普天間基地の辺野古移設を容認したが、折しも発生した有史以来の東日本大震災（二〇一一年三月十一日）、それに伴う福島原発事故に有効な対策が取れず、退陣してしまった。さらにその後を受け継いだ野田佳彦政権は、一層アメリカ寄りに舵を切り、安全性に疑問がある輸送機オスプレイの沖縄配備を容認し、消費税の税率アップやＴＰＰ参加への道を開いた。これまた二〇一二（平成二十四）年の衆議院総選挙で大敗し、辞任に追い込まれた。

アメリカは何故、沖縄を返還しないのか

アメリカは沖縄だけでなく、本土にも強大な米軍を駐留させている。従ってそのわずかな一部である普天間基地を日本に返還したとしても、在日米軍の総合力が落ちるとは全く考えられない。では、何故返還しないのであろうか。アメリカの立場に立てば、自国の軍隊を日本に駐留させ（六万八〇〇〇名）、毎年日本に約二五〇〇億円（そのうち一八〇〇億円が思いやり予算）もの多額の費用を負担させているのであるから、これほど割の良い話はないであろう。従ってアメリカは日本の世論を分断し、あらゆる圧力をかけ現状を維持しようとする。

財政赤字に苦しむアメリカは、今までのように一国超大国として世界に君臨することは不可能になってきた。それでも大国であることに変わりはない。わが国が自由主義を国是としている以上、アメリカと対決することができないのも事実である。

しかし未だに「日米地位協定」なる不平等条約が存在し、沖縄県には膨大な米軍基地が存在し、沖縄の自治権が侵されているのも事実である。このような状況は、主権国家日本としては改善していかなければならない課題であり、国民の総意でもあるはずである。にもかかわらず国を預かる政治家や官僚は現状を肯定し動こうとしない。

鳩山氏のように本音で行動すると、悪者にされ辞任に追い込まれる。鳩山氏が政権の座を降りても、菅氏が鳩山氏の意向を受け継ぎ、これまたアメリカの圧力で失脚させられても、さらにその後を受け継いだ野田氏が同じことを主張し続け、国民世論がそれを支持するならば、アメリカとしても諦めざるを得なくなり、終には実現するであろうことは、私のような一市民にも想像できることである。

今、日本人として最も必要なことは、独立国家日本人としてのプライドと世論の統一である。それが敗戦以来のアメリカによるマインド・コントロールによって失われ、世論が分断されているのである。

自由民主党政権と課題

変わらない日本の政党

現在直面している重要課題　福島原発、憲法改正

昭和三十（一九九五）年、日本民主党と自由党が合同して自由民主党（自民党）が結成されて以来、平成二十一（二〇〇九）年の民主党を中心とする連立政権が誕生するまでの間、一時期の例外を除き長期にわたって自民党政権が続いた。日本における「政権交代」という言葉は「非自民党政権樹立」という意味で使われることが多い。このような国は民主主義国家の中では珍しい。従って、せっかく政権交代が行われても国政の路線にはほとんど変化がなく、国民にとっては政権交代の実感が湧いてこない。こうして国民は次第に政治に無関心になり、大切な基本的人権である選挙権を放棄する人が増えてくる。

本来政党は、国益を守り国民の幸福を実現するために、同じ価値観を持った政治家が結集する政策集団である。ところがわが国では、政策がかなり異なる政治家が同一政党内に

混在しているので、その中でさらに派閥が形成される。自民党においても、アメリカに依存しようとする親米従属派と自立外交を目指す独立派が同居してきた。原発再稼動についても、賛成派と反対派が存在している。

そのような状況の中で、親米従属派でなければ表舞台には立てないので、多数の国会議員が親米従属派になり、自主独立派は少数になる。従って親米従属派は政権を維持し続けることができる。鳩山由紀夫氏や小沢一郎氏は、これでは国益は守れないという思いから、自民党を脱党してまで自主独立の路線を目指したけれども、アメリカによって政治生命を絶たれる結果になった。

民主党（現民進党）は、自民党の離党者や解党した旧社会党の国会議員などが合流して結党されたものであり、外交・安全保障（国防）は勿論のこと、国内政策においても自民党以上に党内対立を孕（はら）んでいる。

現在、わが国が国内的に直面している重要な課題が二つある。

一つは、未曾有の大災害をもたらした福島原発の事故を受けて、停止していた原発を再稼動させ、今後もエネルギーを原発に依存していくのか。あるいはこれを機会に、脱原発にエネルギー政策を転換するのか（政府や電力会社は再稼動に舵を切った）。

次に、戦後七十年間、最高法規として位置付けられ、一度も変えられることのなかった憲法を改正することが、国民のためになるのかどうか。

国会では華々しく政府追及がなされているように見えるけれども、野党は小党分立で連携もうまくいかず、最後は与党の思うがままになってしまう。そして国民は諦めて政治離れを起こしていく。

政権交代しても何の変化も起こらない

欧米諸国では選挙時に国民に示された公約が実行され、新旧政権の政策の違いが出てきて、政権交代の実相が確実に現れてくるので、国民の政治に対する関心も高くなる。しかし日本では政権が交代しても、国民が期待するような効果はあまり出てこないので、時間の経過とともに次第に元に戻っていく。二〇〇九（平成二十一）年の自民党から民主党への政権交代がそのことを如実に示している。従って外交・安全保障という最も重要な対外政策は、独立後も今日までアメリカの国益によって動かされてきた。

国会においては華々しい政策論議をしているように見えても、こと外交・安全保障問題が絡んでくると、アメリカの掌から抜け出させてもらえない。政権交代が行われても、何の変化も起こらない。

日本の外交の歴史

飛鳥時代から黒船来航

聖徳太子の外交姿勢

推古天皇（在位五九二〜六二八年）の摂政となった聖徳太子の統治は、政治・外交・文化などあらゆる面で大きな業績を残した。

六世紀末のわが国は、まだ日本という国号もなく、国家としての機構がまだ整備されていなかった。統治のための官僚制度や為政者としての政治哲学、人民の精神的支柱となる宗教など、すべて先進地である大陸からの文化移入に頼らざるを得なかった。

一方大陸では、五八九年隋が南北朝を統一し、強大な中央集権国家を成立させたけれども、大運河の建設や外征などのために衰え、三十年で滅んだ。その後に建国された唐は、隋時代の均田制、税制（租庸調）、府兵制、官吏当用法（科挙）*などの政治制度を継承し、同時に律（刑法）や令（行政法）を充実させ、律令制による強大な大帝国を築いた。

↘（労役）を定めた。／府兵制……兵農一致で民戸全般から徴兵する兵制。兵役につけば租庸調は免じた。／科挙……広く人材を求め，官吏登用のために行われた試験。

大陸はわが国にとって先進地であり、倭の五王（讃・珍・済・興・武。四二一～五〇二年）時代、宋に次々と使いを送る朝貢外交を行っていた。これは倭の国内の支配権と朝鮮半島南部の軍事権を宋の皇帝に保証してもらうためである。五世紀中頃の東アジアでは、強国にその周りの国々が貢ぎ物を捧げる朝貢外交が行われていた。

聖徳太子は隋の先進文化を取り入れるために、四回の遣隋使を派遣したが、倭の五王のような朝貢外交は避けたかった。そこで太子は六〇七年、遣隋使小野妹子（おののいもこ）に次のように書かれた国書を持参させた。

「日出づる処の天子、書を日没する処の天子に致す。恙無きや（つつがなきや）」（『隋書』倭国伝、原漢文）

隋からすれば、遣隋使は朝貢使であるけれども、太子は国書により隋と対等の立場を強調することで、決して従属はしないという決意表明をしたものであった。隋の皇帝（煬帝）はこれを見て激怒したが、朝鮮の高句麗と抗争中でもあり忍耐したといわれている。

先進国である中国から謙虚に文化を学びはするが、決して従属しないという太子の精神は、その後の古代日本の外交姿勢になった。当時の隋、その後成立した唐と倭国の国力を比較すれば、今日の日米の国力の差より大きかったはずである。太子の倭人としての誇りと外交信念は見上げたものと言えよう。

＊均田制……人民は国から一定の土地を与えられ，一部は世襲できたが大部分は一代限りで国に回収された。／税制……均田制と表裏一体の税制で，夫婦を単位とし，粟２石の租と，絹綿麻などの調と，丁男（ていだん。21～59歳）に一年に20日の庸↗

四方海に囲まれているわが国は、直接外敵の侵攻を受ける危険は少なかった。しかし十三世紀後半、モンゴル帝国の皇帝になったチンギス＝ハンの孫フビライは、都を大都（北京）に移して国号を元と改め、東方の独立国日本に対して朝貢を要求してきた。鎌倉幕府の執権北条時宗はこれを無視し、はねつけたためにフビライは日本進攻を決意した。

こうして元は大軍を仕立て、二度、北部九州博多湾に来襲した（一二七四年・文永の役、一二八一年・弘安の役）。その戦法は、太鼓や銅鑼を打ち鳴らし、毒を塗った矢と火器を使って攻める集団戦法で、幕府軍を苦しめた。しかし幕府軍の抵抗も強く、勇敢に戦った。しかも二度とも暴風雨に襲われたとされ、元軍は大きな痛手を受けて敗退した。こうして日本は独立を守ることができたが、この時の暴風雨が神風の伝説になった。

黒船来航から日米開戦

次にわが国が海外からの脅威にさらされるのは、江戸末期、新興大国となったアメリカによってである。一八五三（嘉永六）年、アメリカの海軍提督ペリーが四隻の巨大な黒塗りの軍艦（黒船）を率いて、浦賀（神奈川県）の沖合いに姿を現した。彼は大統領の国書を携えて、日本に開国と通商を迫った。ペリーは一旦帰国し、翌年再び七隻の軍艦を率いてやってきた。アメリカの圧力により、幕府は日米和親条約を結び開国（下田と函館）し、同様の条約をイギリス・ロシア・オランダとの間でも結んだ。

開国により下田に着いた総領事ハリスは、貿易を開始するため新たに通商条約の締結を迫った。これまたハリスの要求を拒絶できなかった幕府は、一八五八（安政五）年、日米修好通商条約を結び、函館・神奈川・新潟・兵庫・長崎の五港を開いた。しかしこの条約は、日本におけるアメリカ人の不法行為をアメリカの領事館が裁く権利（治外法権）を認めた上、日本に輸入関税率を自由に決定する権利（関税自主権）を認めない不平等条約であった。

明治維新により、日本は欧米の植民地化の危機は避けられたものの、この不平等条約はわが国にとって屈辱的なものであり、早急に改正し、欧米諸国と対等の地位を実現することが悲願になる。

政府は一八七一（明治四）年の岩倉具視欧米使節団による予備交渉以来、不平等条約改正に取り組んできた。日比谷公園のそばに鹿鳴館といわれる洋風建築物を造り、外国人を招待して舞踏会を開いて、日本の文化が欧米並みになったことをアピールし、条約改正を早めようとした。真に涙ぐましい努力である。

それにしても治外法権が撤廃されたのは、一八九四（明治二十七）年日清戦争直前であり、関税自主権が回復するのは、日露戦争に勝利した後の一九一一（明治四十四）年のことであった。岩倉使節団の交渉以来四十年の歳月が経っていた。

第三の国難は日米開戦である。アメリカの策略に乗せられたとはいえ、戦争を仕掛けたのは日本である。この戦争による敗戦は、かつて経験したことのない日本本土の占領支配という最悪の結果を招き、日本人の政治無知を示す結果となった。

一九五一（昭和二十六）年、サンフランシスコ平和条約によって独立はするものの、同時に締結された不平等条約である「日米安全保障条約」と「日米行政協定（後、日米地位協定）」は改正も破棄もされず今日も続いている。政府に改正の動きは見られない。

我々は先人に学ぶべきである。先人の為政者たちは、日本人としての誇りを持って、毅然として国益を守るために努力してきたことを忘れてはならない。

敗戦から七十年が経過しても、日米の主従関係は薄まるどころか深化していると言ってよい。外交・安全保障に関しては、今日もアメリカのお膳立ての上で動いていると言っても過言ではない。

地方自治体の合併の弊害

激減した市町村数、新たな問題

わが国の地方自治体の原型ができたのは、一八七一(明治四)年の廃藩置県であり、三府四十三県に整理統合されたのは一八八八(明治二十一)年である。同年に市制・町村制が施行されている。その後、時代の変遷に対応して市町村の統廃合が行われてきたが、その代表的なものが一九五三(昭和二十八)年に始まる「昭和の大合併」で、約一万六〇〇〇あった市町村数は八年間で三四七〇に減った。次が一九九九(平成十一)年から始まった「平成の大合併」で、市町村数は一八二〇に激減した。その理由は、厳しい財政状況下、人口減少も加わって、現状のままでは地方自治体の運営が困難になってきたからである。

憲法には「地方自治」の規定があり、地方公共団体の自主・自立性や住民参加を保障している。しかし現実は、中央政府による強大な行政システムの下で、国と地方自治体は

「主従」の関係にあると言ってよい。従って地方自治体の経済は、中央政府からの補助金に頼らざるを得ない。これが「三割自治」などと揶揄される所以でもある。

市町村を合併すれば、首長の数が減少し、議員の数も大幅に減らすことができる。市町村役所も統廃合でき、地方公務員の定数も減る。確かに市町村合併は、地方自治体の合理化によって無駄を省き、効率的運営が可能になることは明らかである。しかし「平成の大合併」は、地域住民サイドによって提起されたものというより、市町村の行政をより効率的に運営しようとする政府のリードによって推進されたものである。

国は一定期間内に合併した自治体に、合併特例債を認めるなどの財政優遇措置を講じたため、市町村の合併は促進された。政府はさらに合併を促進するため、二〇〇五（平成十七）年三月末までの期限の合併特例法を改正し、二〇一〇（平成二十二）年三月末まで延期した。そのことにより市町村の数は一七二〇に減少した。その結果は、広域化した自治体と住民の距離が疎遠になるとか、今まで長い年月の間に築かれた各市町村固有の歴史や文化が失われていくという新たな問題が提起されている。

それればかりではなく、合併により広域化した地域の中心部に資本と人口が集中し、僻地の人口はさらに減少していった。離れていくのは若年者であり、高齢化現象は一層進行していった。利益の上がらないコンビニエンスストアが撤退し、病院が閉鎖される。病院があっても医師が来てくれない。今まであった交通機関（バス）も廃止される。体力的に弱者になっていく高齢者にとって、住みにくくなっていくのが現実である。

市町村では、少ない予算から捻出して工場用地を造成し、工場誘致に努力するけれども、企業はなかなか来てくれない。造成地には雑草が生い茂り、その造成地の維持管理にさらに費用がかさむ。資本の論理や市場原理に従えば、人々は利便性を求め大都会へと流れていく。田舎ではますます過疎化が深刻になっていく。政府の推進する市町村合併策は、対処療法に過ぎず、過疎地の進行を防止する根本的解決にはほど遠い。農山村の生活は困難になるばかりである。

道州制の施行はますます格差を生む

戦後の日本政府の取った政策は、一貫してＧＮＰ（国民総生産）を如何に伸ばすかという効率主義であった。この効率主義は、生産性の低い第一次産業を軽視し、その結果は食糧自給率の低下や外材の輸入による国内林業の崩壊に繋がっていった。若年者は農山村に留まり生活しようにも生活できなくなっていった。この市町村合併によって様々な問題が生じているにもかかわらず、地方自治体の効率的運営の面から実現を目指しているのが道州制である。現在の基礎自治体である市町村は残し、その上部広域自治体である都府県を統合し、道州制の実現を図ろうとするものである。すでにそのような状態にある北海道はそのままにして、独特の歴史と文化を有する沖縄は特別州として残し、全国を十から十二のブロックに分割するというのが基本的なアイデアのようである。

地方分権の重要性が強調される中で、「地方政府」にふさわしい規模を確保し、強力な自治能力を付けさせ、行政事務の合理化を図ろうとするのが狙いである。現代の高度に発達した交通機関と情報化社会の中にあって、明治時代に区分された四十七都道府県のままでは、現状に合わなくなっているようにも思われる。統合して広域化した方が無駄がはぶかれ、効率のよい自治体になるのではないかという考え方である。

だからといって単なる効率主義からの合併による道州制の施行は、市町村合併の轍(てつ)を踏むことになるであろう。そのことは北海道で実証されている。道庁のある札幌に人口と資本が集積し、他の地域と圧倒的な格差が生じた。同じ現象は全国各地ですでに発生している。東北地方は仙台、中部地方は名古屋。中国地方は広島、九州地方は福岡など。おそらく州都が置かれるであろうと予想される都市に人も資本も集積している。

全国的には東京一極集中で、有能な人材を全国から吸い上げて発展させるシステム、道州制の施行は、正に東京システムの地方版となり、州都の置かれる地方中核都市のみが発展し、それから遠く離れれば離れるだけ、過疎化が進行していくことは明らかである。

政府の役割は、このような歪（いびつ）な開発に歯止めをかけ、全国の均衡と調和の取れた開発を目指すものでなければならない。現在の四十七都道府県の行政区分は、皮肉なことに県庁所在地だけは何とか面子を保っているけれども、道州制の施行はそれさえも衰微させる可能性が強い。

■一票の格差■

地方自治から考える二院制度

法の下の平等を掲げる日本国憲法の精神に従えば、国民の投票した一票は、どこに住んでいても格差があってはならない。その主旨に従い、格差が生じないよう選挙区を区分していても、その後の人口の増減によって一票の格差は生じてくる。

近代民主主義国家においては、国民投票の結果により生じた政府が権力を掌握し行使することから、一票の格差は生じないのが理想である。従って格差が拡大すると、有権者からたびたび提訴され裁判所の判決が出される。

裁判所の判決はどれも似たようなもので、「違憲」ないし「違憲状態」と判断しながらも、選挙の無効の請求は棄却していた。最高裁まで争われても、最高裁の判断も甘く、衆議院では三倍、参議院では六倍程度までは合憲とされてきた。しかし二〇一二（平成二十五）年から出された高裁判決では厳しさを増し、「違憲且つ無効」の判決も出されるようになった。

憲法の規定では、国民の選挙により国会議員が選出され、その国会議員の中から国会の議決で内閣総理大臣が指名されることから、一票の格差があまり大きくなってくると、民主政治の原点が揺らぎかねない。だからといって無差別平等に徹して、その都度選挙区を修正していくとすれば、過疎地区では国会議員の空白地帯さえ生じかねない。農山村は大都市に比べて生活基盤の整備が遅れ、交通機関は廃止され、近くに金融機関もなく、商業施設（ストアなど）も撤退して、年々不便になっていく。企業誘致も思うようにいかず、若年労働者は職を求めて大都会へと流出していかざるを得ない。農山村はますます過疎化と高齢化が進行していく悪循環である。

従って票の価値を機械的に無差別平等にするだけでは、全国の世論を公平に反映することにはならず、過疎地の意向は政府に届かなくなる。

アメリカでは上院・下院の二院制を採用し、各州の人口比例で選出されるのは下院である（四三五人）。アメリカは五十州からなる連邦国家で、各州の独立性が非常に強いので、上院は州の人口の多少に関係なく、各州から二人選出され百人で構成されている。

近年わが国においても地方分権（国から地方公共団体への権限の委譲）が声高に唱えられているけれども、一向に進展しない。戦後の民主主義国家実現については、連合国最高司令官総司令部（ＧＨＱ）の指導の下、アメリカをモデルにした点が多いので、国会の制度についても参考にすべき点はあるように思う。

わが国も衆議院と参議院の二院制度を採用しているけれども、衆議院の絶対的優越権の下、参議院の役割が問われるようになってきた。予算の決定、条約の承認、総理大臣の指名については、両院の議決が異なった時、両院協議会を開いても意見が一致しない場合は、衆議院の議決が国会の議決となる（衆議院の再議決は不要）。また内閣不信任の決議権は衆議院だけである。従って今日、参議院の不要論さえ飛び出してくる。せっかく二院制を採用しているのであれば、参議院を廃止し一院制にするのではなく、国会の抜本的改革を実施し、特色ある参議院を目指すべきではないのか。

例えばアメリカの国会を参考にして、参議院は都道府県の地方自治体代表にし、人口の多少に関係なく二人の定数にすれば、四十七都道府県であるから九十四人になる。参議院が地方自治体代表であることを明確にすることにより、地方自治の推進にも貢献できるし、参議院の定数も大幅に削減できる。

現在日本では衆議院が四七五人、参議院が二四二人の合計七一七人の国会議員が存在する。アメリカは下院四三五人、上院百人の合計五三五人である。人口は日本が約一億二千万人、アメリカは約三億人である。日本の二・五倍の人口を有するアメリカの国会議員の数より、日本の国会議員の数がはるかに多い。日本の人口規模からすれば、衆議院の定数は三百人程度が適当ではないだろうか。国会議員の定数削減については与野党ともに削減の方向性は示していても、一向に進展しない。国会議員の定数削減を、国会議員自らが審議決定することは、不可能に近いことである。したとしてもお茶を濁す程度で終わってしまう。

投票の棄権は民主主義の危機

一票の格差については、選挙のたびごとに問題になり、裁判所の判決も出されるけれども、それ以上に問題なのが投票の棄権である。国政選挙だけでなく、地方選挙の投票率は三割から五割が一般的で、有権者の過半数が棄権していることになる。しかも棄権者には若年層が多い。戦前すべての成人男女が選挙権を獲得するためにどれほど苦難の闘争をしてきたことであろうか。わが国の参政権の歴史を纏めてみると次のようになる（次ページ

日本の選挙権拡大の図　（『教科書・日本国憲法』一橋出版，2007年）

改正年	年齢・性別	納税額	総人口	有権者数	有権者比
1889（明治22）	25歳以上男子	直接国税15円以上	3,990万人	45万人	1.1%
1900（明治33）	同上	直接国税10円以上	4,380万人	98万人	2.2%
1919（大正８）	同上	直接国税３円以上	5,500万人	300万人	5.5%
1925（大正14）	25歳以上男子普通選挙	国税の制限なし	5,920万人	1,241万人	20.0%
1945（昭和20）	20歳以上男女普通選挙	国税の制限なし	7,810万人	3,688万人	49.0%

表）。

人類の歴史は正に権力闘争の歴史であり、その権力を獲得するために多くの血が流され、尊い人命が失われてきた。国民によって選ばれた代表者によって政治を行うという民主主義の発展の過程においても、初期は極めて少数の多額納税者の男性だけにしか参政権を認めなかった。権力者自身がいかにその権力を一般大衆に開放せず、独占しようとしたかが理解できる。

二十歳以上の全ての成人男女に参政権が認められたのは、戦後の一九四五（昭和二十）年であり、これは太平洋戦争の敗戦という犠牲の上にアメリカによって与えられたものである。

参政権は基本的人権の根幹を成すものであり、これにより政治権力を一部の支配者のものから、国民の代表が行使することができるようになった。選挙を棄権することは、自ら基本的人権を放棄することであり、再び一部権力者の権力私有を許すことになりかねない。その意味で選挙を棄権することは、一票の格差の問題よりも、重大な民主主義の危機につながりかねない。

東日本大震災の問いかけ

原子力発電を積極的に推進してきた政府と電力会社

二〇一一（平成二十三）年三月十一日に起きた東日本大震災は、想定外の大惨事になった（二〇一六年三月時点での震災関連死を含めた犠牲者一万九四一八人）。今までわが国は、地震による災害をたびたび体験し、それに備えてきたはずであったけれども、M（マグニチュード）9の地震が現実のものになろうとは誰も予測できなかったのではないか。それに伴う十数メートル級の大津波も想定外であったと言えよう。

しかし、それは人間の想定を超えたということであって、地球の巨大な地殻変動が、数百～千年の周期で動いていることを示したものであり、それが自然界の法則でもある。人類も地球の中で生を与えられた万物の一種であり、大自然の猛威を避けることはできない。最近の科学技術の進歩の中で、我々は大自然に対する謙虚さを失っていったのではなかろうか。科学技術の進歩も自然の法則の応用であって、結局人間も自然界と共存していくほかはない。今回の巨大地震はそれに伴う大津波によって一層被害が増幅され、加えて福島原子力発電所の事故である。地震・津波による被害は天災であるけれども、原子力発電の事故による被害は人災である。

政府と電力会社は、原子力発電を積極的に推進してきた。それには二つの理由があった。一つの理由は、原発は地球温暖化の原因になる二酸化炭素を出さないという「原発エコ論」である。もう一つの理由は、有限な石油資源の代わりとして原子力エネルギーを利用しようとしたことである。このようなキャンペーンがされると、一般市民はそれを真実だと思い込んでしまう。

しかし、小出裕章著『原発はいらない』の中には次のように記述されている。「ウラン鉱山でウランを掘る段階から、それを「精錬」し、次に核分裂性ウランを「濃縮」し、原子炉の中で燃えるよう「加工」もしなければなりません。さらに施設を建設し、原子炉を運転しようとすれば膨大なエネルギーが必要であり、その過程で膨大な二酸化炭素を放出することになります」と。

一度外部に放出された放射性物質は目には見えず、二〇キロ、三〇キロ四方へ風に乗り浮遊し、農産物を汚染し家畜やそれから生み出される卵や牛乳を汚染する。海に流れ出た放射性物質は魚介類の体内に蓄積され、それを食用にすれば人体にも害を及ぼす。今回の事故を受けて、原発から二〇～三〇キロ圏の住人が移住しなければならなくなった。汚染された土壌も入れ替えなければならない。これでクリーンエネルギーと言えるのだろうか。

原発の増強は、歴代政府と電力会社の国策で推進されてきた。多くの学者や専門家が、原発は安全であるとする国策に同調する中、脱原発を主張し警鐘を鳴らしてきた学者や専門家もいた。しかしそれらは少数意見として重視されることはなかった。国や電力会社は安易な方向に流れてしまう。事故が起こると、人智を超えた想定外の天災によるものである、と理由付けようとする。警鐘を鳴らした専門家の意見に謙虚に耳を傾け、対策を見直していれば、福島原発の事故もこれほどの大惨事にはならなかったのではないか。少数意見に真実があることを忘れてはならない。

東北地方は、貞観(じょうがん)地震大津波(八六九年)のことが記録に残されていて、今回の地震はそれに匹敵する千年単位で発生する巨大地震であったのではないか、と推測されている。明治以降の近年だけでも、明治三陸地震津波(一八九六年)、昭和三陸地震津波(一九三三年)と二度にわたる震災を体験している。東北地方はその体験をもとに、防潮堤を整備してきた防災の先進地である。それにもかかわらず今回の地震は、それこそ人智を超える想定外の自然の力でそれらを破壊した。全国が活断層の上に乗っていると言っても過言ではないわが国では、今後、東海、東南海、南海などでの地震が予測されている。

核に平和利用はない

原発はクリーンで安全なエネルギー供給源として開発され、現在は世界各地で稼動している。しかし旧ソ連のチェルノブイリ原発事故や今回の福島原発事故からして、原子力は決してクリーンで安全なエネルギーではないことが実証された。一度大事故を起こせばこれほど恐ろしいエネルギーはない、という証にもなった。チェルノブイリでは、事故から八十年後に当たる二〇六五年まで除染が行われる予定であるという。たとえ事故が起きなくても、使用済み核燃料の廃棄処分については解決されていない。

福島原発の事故を契機に、世界各地で原発見直しの声が上がり始めた。ドイツやイタリアはその中心である。イタリアでは原発賛成・反対を問う国民投票が実施され、国民は九四%の絶対多数で反対の意思を示した。

広島・長崎に原爆投下を受けたわが国民は、どこの国民よりも核アレルギーが強い。しかしそれは原爆についてであり、「核の平和利用」といわれると、平和という言葉に惑わされてつい容認してしまう。平和利用とはいえ、事故により爆発すれば原爆と同じように地球を破壊する。

日本こそ今回の事故を契機に、脱原発に大きく方向転換すべきである。平和利用という言葉だけを信ずるのではなく、核エネルギーの本質を見失ってはならない。それにもかかわらず電力会社は、停止中の原発の再稼動に踏み切った。

自然エネルギーの利用

電力の「地産地消」システムを

クリーンエネルギーであるはずの原子力発電が、チェルノブイリ原発や福島原発の大惨事により、恐るべき危険性を持ったエネルギーであることが実証されたことから、それに替わる太陽光・風力・地熱などの再生可能な自然エネルギーの開発が再認識されることになった。これらの再生可能な自然エネルギーこそ、有限な資源を消耗することのない自然そのものを利用したクリーンエネルギーである。

福島原発の後始末や被害の補償などは、東京電力だけでは不可能で、国の救済を受けざるを得なくなるけれども、そのツケは最後は国民全体にかかってくる。その莫大な費用の一部を、事故発生前に予防なり新しいエネルギーの開発に振り向けていれば、これほどまでに被害は拡大しなかったであろうが、人間の性(さが)というか業(ごう)というのか、事故が起こらなければ実感できない。それも自分が被害に遭わなければ、深刻に受け止めようとしない。そのことが、原発反対の運動が全国的に盛り上がらない理由でもある。

日本の高度な科学技術を応用して、原子力に替わる自然エネルギーの開発を行うならば必ず可能である。しかし、政府や電力会社は原発の再稼動が前提で、自然エネルギーの開発には消極的である。電力会社は全国十ブロックに分かれて地域独占体制を敷いているけれども、望ましいのは、それぞれのブロック内の消費電力はそのブロック内で供給する、という原則にすることである。

福島原発は、地元東北地方に供給するためではなく、首都圏の電力消費を賄うために建設されたものである。事故が起きれば、その被害を受けるのは、受益者である首都圏ではなく原発のある福島県である。それは「分配の公正」という原則に沿うものではない。従って電力の供給・需要も「地産地消」のシステムを構築すべきではないか。その実現に最も適しているのが、太陽光発電や風力発電である。原発が真に安全なものであるならば、東京湾や大阪湾に造ればよい。何故そうしないのであろうか。やはり原発は危険なものである。だから過疎地に造るのである。

アメリカ化の中で失われていった戦前までの国民性

戦後の日本は、高度経済成長とともに人口も資本も大都市に集中していった。東京はその中核である。政治・経済・教育・文化、あらゆる機能が東京に極度に集中していった。その首都東京の豊かな都市機能を維持していくために、東電は関東地区外に原発を造った。先述したように、原発事故が発生すると、その被害を受けたのは電力を使用している首都圏の人々ではなくて、福島県民である。その点からしても、東京一極主義を改めていく必要がある。資本の論理や経済主義に任せていたならば、当然首都東京に全てが集中していく。国土のバランスのとれた開発という観点からしても、望ましいことではない。

江戸時代は、帝都京都、政治の中心江戸、経済が集積した大坂、そして地方にはそれぞれ大名領国の地方文化の華が開いた。明治以降近代化が進むに従って、極度に首都圏への資本の集積が進んでいった。もし一九二三（大正十二）年の関東大震災のような巨大地震が再び首都圏を襲った時、首都機能は壊滅し大混乱が生ずるのは自明の理である。

今更首都を移転することは難題であるけれども、企業の本社機能を東京以外に移転することは可能である。かつての日本がそうであったように、東京一極主義より機能を分散していた方が災害にははるかに強い。機能を分散させていれば、一カ所の大災害で全国が麻痺することはない。

高度経済成長に伴って、戦前では想像もできなかったほど生活は豊かになった。それを象徴するのが電気製品の普及である。まずはトースター、扇風機、炊飯器。やがて電気洗濯機、電気冷蔵庫、電気掃除機、テレビ、電子レンジ。現在ではパソコン、エアコンも各家庭に入り、冬は寒く夏は暑いという自然現象が、部屋の中に居る限り調節されるようになった。私が教員になった頃（昭和三十年代）は、テストの問題作りには鉄筆、ガリ版を使用していた。やがてコピー機が登場してコピーできるようになり、今はパソコンの時代。計算も算盤から電卓、今は全てパソコンでできるようになった。

大都会では夜を徹してネオンが輝いている。より快適に、より便利に、人間の欲望は無限に広がっていく。そのことが危険な原発に頼らざるを得ない原因にもなった。

戦前までは日本人の国民性として、質素・倹約・節制・共生などが普通の生き方であった。しかし敗戦後のアメリカ化の中で、このような日本人の良さが影を潜め、浪費が美徳になり、自己中心的傾向に堕していった。我々はかつての日本人が持っていた生き方を再認識すべきである。有限な地球資源や環境のことを考慮すれば、欲望追求型の生き方に歯止めをかけなければならない時代に入ったと言えよう。

わが国の現状と将来、そして唯一の有人惑星地球の未来を思う時、ひたすら経済大国の道を歩むのではなく、極東の島国として国民が幸福感を持ちうる豊かな文化国家を目指すべきではないのか。政府は日本の向かうべき将来像を示し、国民の合意を得る世論形成に努力することが、何より重要なことである。

福島原発の事故後、ドイツやイタリアが脱原発に移行する中、当事国日本政府が再稼動の方向に世論を誘導しようとする論理は理解に苦しむ。

第4章 変容する日本人の生き方と家族

瑞穂の国日本

第一次産業が社会基盤の調和を生んでいた

従来、わが国の国民ほど自然との共生を大切にしてきた国民はいない。随筆・和歌・俳句などの文学にそのことがよく表れている。

「瑞穂の国日本」という言葉に象徴されるように、日本文化と稲作は切り離すことができない。その伝統文化が大きく揺らいでくるのが、昭和三十年代中頃からである。高度経済成長とともに農業就業人口、農家戸数が急速に減少していき、林業も外材に押されて経済性を失っていった。それは人口の社会的移動に拍車をかけ、農山村の過疎化と大都市の過密化現象が顕著になっていった。

国家の見地からすれば、効率の良い産業への投資を促進し、そこで得た利益で農産物や木材を輸入すれば手っ取り早いことである。しかし、社会は経済理論だけでは考えられない調和の中で成り立っている。第一次産業は自然との共生を原点に成り立っている産業であり、「濡れ手で粟」ということはなく、骨の折れる仕事であるけれども、贅沢をしなければ生活することはできた。農繁期、農閑期のメリハリがあり、農繁期には収穫のための共同作業が実施され、農閑期には収穫祭をはじめ様々な地域社会のイベントが行われ、それには大人も子どもも参加し、豊かな心を育んだものである。私は退職後、田舎で野菜作りを趣味として自然との共生を心がけているが、土いじりをしていると自然に返る心持ちになり、ストレス解消にもなっている。

農村社会は経済的には豊かではなかったけれども、どことなくゆったりとした時の流れとゆとりがあった。個々人の生活が家族、社会の中で有機的に繋がっていて、それは自然との共生でもあった。都市で生活する人も、社会の基盤に第一次産業が根付いていたので、そこと有機的に繋がっていた。新鮮な食糧、安全な水の供給も農山村の基盤が整っていたからである。

国家としての経済的効率性からすれば、急速な経済成長によって貿易黒字が蓄積され、表面的には世界で最も豊かな国家になっていった。しかし産業構造の調和という点からすると、果たして喜ぶべきことであるのか疑問である。経済発展の中で取り残された農山村で生計を立てることは次第に困難になり、長男でさえ農林業を捨て、都市労働者にならざるを得なくなった。ここにますます大都市に人口が集中し、農山村の過疎化は深刻になっていき、過密と過疎の二極化現象が進行していった。開発の進行に伴って、公害が全国に拡大し、四大公害（イタイイタイ病・水俣病・四日市ぜんそく・新潟水俣病）は、その象徴として世界に報道された。

経済効率主義が産業構造のバランスを崩す

日本人の自然観も、「自然との共生」から人間生活をより便利にするための改造へと大きく変化していった。昭和四十年代後半から始まる日本列島改造は、政府の政策の中心になり、乱開発を促進し、豊かな自然を破壊していった。経済成長とともに農林業の就業人口はさらに減少し、学卒者にとって、農林業の魅力は次第になくなっていった。農山村社会の過疎と共同体の崩壊は、国土の荒廃を進行させ、田舎だけでなく都市生活も潤いがなくなり、日本社会全体の産業構造のバランスが崩れていった。

欧米先進国と比較しても、わが国ほど農産物の自給率の低い国はない（自給率四〇％）。目先の効率のために農林業を軽視してきたことが、地球規模の異常気象が進む中で、今後どのような結果をもたらすであろうか。食糧問題は、国家の安全保障に関わる重大な問題であり、農産物を工業製品と同じような自由貿易の理論で論じてよいのだろうか。農産物の自給率は是非高めておく必要がある。

経済的合理性のために、これからもさらに農林漁業は軽視されていくのであろうか。二十一世紀は第一次産業の再認識と、自然環境の復活が見直されない限り、心豊かな未来はないように思われる。長い歴史の中で、自然との共生を最も大切にしてきたはずのわが国が、現在では自然を破壊し、美しい「瑞穂の国日本」の豊かな心を捨て去ろうとしている。

現代こそ「東洋的発想」、「日本人としての心」が再認識され、自然との共生が求められる時代ではないだろうか。

失われた宗教心

一二〇〇年間信仰された仏教

わが国が強固で組織された官僚制国家を確立したのは、七世紀の前半である。聖徳太子は豪族間の争いをなくし、天皇中心の国家の樹立を目指し、十七条憲法を制定した。それは国家の法典というより、官人への道徳的訓戒を内容としたものであった。注目すべきは、第二条の「篤く三宝を敬へ。三宝とは仏・法・僧なり」の条項である。

仏と、その教えと、それを説く僧侶を「三宝」として敬うことで、仏教を国家を支える官人の精神的支柱にしようとしたのである。それ以来、仏教は徳川末期に至るまで、一二〇〇年にわたって日本国民の精神的中核を形成し、信仰されてきたと言ってよい。

奈良時代になると東大寺が建立され、その下に国ごとに国分寺が配置された。正に仏教は鎮護国家のための国教として位置付けられたのである。平安時代までは、仏教は貴族

（支配者）のための宗教であったけれども、鎌倉時代になり、法然・親鸞・栄西・道元・日蓮などが現れて鎌倉新仏教が成立すると、仏教は武士階級から一般庶民に至るまで、国民全体に普及していった。源平の争乱に勝利した源頼朝は、鎌倉に幕府を創建し、平家によって焼き討ちされた東大寺の復興に力を尽くした。

室町幕府を開き、将軍となった足利尊氏は、夢窓疎石に帰依し、疎石の勧めで国ごとに安国寺を建立した。また、元弘の変以来の戦死者の霊を慰める目的で利生塔と呼ぶ塔も建立した。

戦国の騒乱を制し徳川幕府を開いた家康は、深く仏教に帰依し、天海僧正を幕府の参謀として迎え、二六〇年の太平の礎を築いた。天海は上野の山を比叡山になぞらえて東叡山と名付けて寛永寺を建立し、仏法を興隆し民心の安定を図った。寛永寺は芝の増上寺とともに徳川氏の菩提寺となり、今日に至っている。

神仏分離令で受けた仏教界の打撃

わが国には固有の民族信仰（皇祖神天照大神への尊崇を中心とする神の信仰）があるが、奈良時代になると、外来宗教である仏教の影響を受けつつ融合（神仏習合）し、日本人の精神形成（日本民族の魂）に大きな役割を果たしてきた。初めは神前で経を読むとか、神宮寺を立てるとか妥協や調和の働きであったが、やがて神仏は本来同じものとする方向に向かっていった。

わが国では、いやしくも政権を掌握しようとする者は、神仏を敬わなければ民心の統御は不可能になっていったのである。かくして仏教は、皇室・公家・武士から一般市民まで、階級を超えて崇拝され、国教としての役割を果たすことになり、江戸末期に至るまで続いた。しかし徳川幕府が終焉し、王政復古が実現すると、明治政府は一八六八（明治元）年、祭政一致・神道国教化の方針をとり、その純化のために神仏習合を禁止した（神仏分離令）。仏教が外国から来たという理由だけで、日本民族の魂ともいうべき仏教を、いとも簡単に捨て去ってしまったのである。神仏分離令を機に、廃仏毀釈運動が全国に広がり、寺院・仏像などが破壊され、寺領の没収も続出した。

政府は一八七二（明治五）年、忠君愛国の国策に反しないことを条件に、仏教信仰を許したけれども、もはや「仏・法・僧の三宝を篤く敬う」精神は戻らなかった。以来、神道国教化の方針は太平洋戦争の終結まで一層強化されていった。神仏分離令によって仏教界の受けた打撃は計り知れないものであった。

真の幸せとは何か

かくしてわが国は、殖産興業・富国強兵の明治政府の方針の下、近代国家の実現を目指すことになるけれども、この時点で聖徳太子以来の精神的至宝としての伝統を持つ仏教は、実質的な力を失ったと言ってもよいのではないか。

その後国家のたどった道は、日清・日露戦争を経て、第一次世界大戦に参戦し、満州事変・日中戦争へと、戦い一色の歴史を歩む。部分的に勝利を収めたがゆえに、国民の戦意は高揚し、大局的判断を誤り、太平洋戦争で大敗に至る。

敗戦後は高度経済成長政策の成功により、驚異的な物質的繁栄を遂げ、日本国民の能力と勤勉さを世界に示した。しかしその後は、豊かさを維持していくために汲々として働き、金銭万能の風潮を生み出した。物質的繁栄と引き換えに心の豊かさを失い、次第に精神的に畏敬する何ものも持たない「無神・無仏」の国民になっていった。

「衣食足りて礼節を知る」というけれども、経済大国となり、何処の国と比較しても引けを取らない教育水準を達成しながら、目にあまる凶悪犯罪は後を絶たず、自殺者も年間三万人前後を出している。これは、心のゆとりを失い、精神的支柱である宗教心を失った現代人の迷える姿と言えないだろうか。

今まではGDP（国内総生産）の高いことが、その国の豊かさを示しているようにいわれてきたけれども、最近それが見直されようとしている。

人間の幸せの度合いは、金銭だけで計れるものではなく、心の満足度も合わせて考慮されなければならないということである。ヒマラヤの麓にある小さな仏教国ブータンの国民は、経済的にはそれほど豊かではないけれども、世界で最も高い幸福感を持っていると報道されている。これは「人間の真の幸せとは何か」を考える上で、参考にすべき点が多々あるように思われる。

職人文化の衰退

経済効率により失った先人が築いたもの

わが国は日米戦争の敗戦による苦難にもめげず、一九六〇（昭和三十五）年から始まる高度経済成長政策を成功させ、昭和五十年代にはアジアで唯一の経済大国になり、先進国の仲間入りを果たした。

しかし経済発展を最優先にした国策は、これまで先人が築いてきたわが国の文化や国民の価値観に大きな変化をもたらした。急速な経済成長と豊かさの実現は、敗戦の総括を行うことを忘れさせ、国民の価値観を「経済中心主義」に変化させ、「拝金主義」の思想を作り出した。今まで日本国民が精神的支柱としてきた価値観が崩れ、確固たる宗教心もない国民としては、より高い収入を得ることに生きがいが移っていったとしても無理のないことと言えよう。

しかし、物質的豊かさも一応実現された後には、何が求められるのであろうか。さらに経済成長を願ったとしても、日本を取り巻く厳しい国際状況や地球環境保全の面から様々な制約を受け、実現は困難である。

わが国が高度経済成長を実現できたのは、国家独立の基本である安全保障をアメリカに依存し、その余力を経済の発展に集中させ、日本人の心の故郷とも言える自然との調和も無視し、開発のために全てのエネルギーを費やしてきたからである。物質的豊かさの実現の裏には、失ったものも少なくなかったと言えよう。

このような経済ベースの価値観は、教育の面にも大きな影響を及ぼした。学校の目的が進学第一主義という点で自ずと画一化され、個性を喪失させ、全国津々浦々まで塾や予備校の繁栄となって、教育も企業化され、産業化されていった。

さらに経済主義は、国民の職業観も変化させた。経済効率を第一に考えれば、画一的大量生産が自由競争には強く、全ての企業は一寸の無駄も許されず、合理化されていかなければならない。このような経済主義は、わが国の経済力を飛躍させる面で大きな効果があったけれども、全ての日常生活にまでもこのような考え方が浸透してしまうと、共同体としての地域社会もゆとりを失ってしまう。

文化の発展には、勿論豊かな経済力は欠かせないけれども、心のゆとりと無駄と思われる遊び心の中にも育まれていく要素がある。

また、経済主義はわが国の伝統的職業としての職人を衰退させる一因にもなっていった。幼少の頃から体験によって学び、鍛錬された技術、それによって生み出された個性豊かな手造りの作品が、わが国の文化を支えてきた面もあったけれども、今はそのような職人的技術は、効率主義の経済に合わなくなっていった。

表面的な豊かさと生き方の価値観

職人としての技術は、長い体験によって体得された技術であって、生きるための学習でもあった。短期間に頭で理解したものではなく、その人の体で学んだ学習である。戦前までは、このような職人が生き生きと日本文化を受け継ぎ、発展させてきた。そこに彼らの職人としての生きがいもあった。

戦後の急速な経済成長と画一化は職人文化の衰退をもたらした、と言っても過言ではない。このような職人文化が衰退し、第一次産業の就業人口も減少する中で、当然国民総サラリーマン化の現象が現れ、サラリーマンとして就職するとなれば、否応なしに高校、大学に進学せざるを得なくなる。従って、自分の目的を持って進学する生徒もいるけれども、ただ何となく進学し、サラリーマンになることを願うようになる。それ故に、中には無気力になり、高校中退者が出たり、学問をしない大学生が増加することにもなる。最近、新聞で、大学生に生活指導が必要になったと報じられていた。年齢の割に自立が遅れていることを物語っている。

明治以来、西欧の文化をひたすら受け入れ、戦後は米軍の駐留によって欧米の合理主義をさらに徹底させた。その甲斐あってわが国は、経済の面においては西欧を追い越したかも知れないが、総合的に見れば、失ったものも少なくなかったと言えよう。合理主義の元祖である西欧に「職人文化」が生き続け、先祖から伝えられた仕事を大切に受け継いでいる人が多いといわれている。彼らは自らの仕事に対して誇りと生き甲斐を持っている。

西欧では生きる価値観が多様で、学歴主義が日本ほど独走することも少ない。真に個性と自由を尊重するのであろう。わが国では、表面的には豊かで、自由で多様に生きているように見えても、生き方の価値観としてはそれほど多様で自由で幅の広いものとは言えないのではないか。

生存権と雇用

新自由主義がもたらした雇用制度の変化

日本の雇用制度の特色

国家による経済への介入を大きくするか小さくするかによって、目指す国家像が大きく異なってくる。政府の経済への介入を大きくしようとする政策（大きな政府）は、国家全体の立場から所得の再分配を行い、福祉国家の実現を目指すものである。

これに対し政府の市場介入を小さくし、政府は国防や外交など国家の基本になることを行い、他のことは個人や企業の活動に任せるべきだとする政策（小さな政府）を、「新自由主義（ネオ・リベラリズム）」という。これはアダム・スミス以来の古典的自由主義に対してつけられた名称である。

日本国憲法は、第二十五条（生存権）に次のように規定している。

第一項　すべて国民は、健康で文化的な最低限度の生活を営む権利を有する。
第二項　国は、すべての生活部面について、社会福祉、社会保障及び公衆衛生の向上及び増進に努めなければならない。

これは日本国憲法が明らかに福祉型の国家を目指した規定である。一九六〇（昭和三十五）年、池田内閣時代に所得倍増計画が策定された。十年間でわが国の生活水準を倍増させ、当時の西欧並みの豊かさを実現するという計画である。この計画は概ね予定どおりにその目的を達成し、国民総生産（ＧＮＰ）が一九六八（昭和四十三）年には、旧西ドイツを抜きアメリカに次いで世界第二位に躍進した。労働者は「企業戦士」に譬えられ、よく働き高度経済成長を支えた。

日本の雇用制度の特色は、終身雇用・年功賃金・企業別労働組合で、日本的雇用制度の「三種の神器」といわれていた。終身雇用は、企業が一度雇った従業員を停年まで雇い続ける長期雇用制度であり、年功賃金は、年齢や勤続年数に応じて賃金（給与）が上昇する制度である。企業別労働組合は、企業を単位に組織されている労働組合のことで、産業や職種別に組織されている欧米の産業別労働組合、職種別労働組合と対比させた表現である。

「三種の神器」に譬えられる日本的雇用制度は、わが国の国民性を反映したものであり、誠実に勤務していれば家族全員の生活が保障されることになり、労働者は企業に対し忠誠を誓うことにもなった。企業の経営者と社員は、一種の家族の形態に近かった。

この制度が崩壊し始めるのは、アメリカの「新自由主義」が日本に移入された結果である。アメリカは日本に対し、「構造改革」や「規制緩和」の圧力をかけてきた。「雇用対策」についても、正規の労働者をできるだけ少なくし、非正規雇用の労働者の数を増やし、不景気到来に備えようというのである。一九八六（昭和六十一）年には、「労働者派遣法」が成立した。このアメリカ型経営をさらに推進したのが小泉内閣で、その結果の歪みは「国益を守る政治」（第3章、一〇二ページ）の項で記述したとおりである。

構造改革・規制緩和により生まれた弱者に救済の手を

最近、ワークシェアリングなる語がメディアに取り上げられるようになった。ワークシェアリングとは、不況などで仕事の量が減った時に、一人当たりの労働時間を減らして、皆で仕事を分け合い、雇用の維持・創出を図ることである。

ヨーロッパでは、「少なくなる労働機会を一定の人口で分け合う」ワークシェアリングで、失業率を改善している（オランダやフランス）。日本が参考にすべきは、アメリカではなくヨーロッパである。

もともと日本には、先述したような日本的雇用制度があり、加えて所得に対する累進課税制度、相続税・贈与税制度によって、所得の再分配を行ってきた。一九六〇（昭和三十五）年から始まる高度経済成長時代も、貧富の格差を抑制し、中産階級といわれる部分を増加させてきた。この日本的制度は、憲法二十五条に規定している「文化的な最低限度の生活の保障」の精神に沿ったものであったと言えよう。

「新自由主義」の導入によって「構造改革」、「規制緩和」が実施されたけれども、それによって生じた弱者に、救済の手は差し伸べられなかった。正に「弱肉強食」の政策であった。働く意思があるのにハローワークに行っても職に就けない状況は、労働者個人の責任ではない。また、働けど働けど豊かになれないというのも個人の責任ではない。国の政策の誤りであり、憲法二十五条で保障する「文化的で最低限度の生活の保障」の精神を踏みにじるものである。

産業構造の変容と揺らぐ家族集団

国民の総サラリーマン化

戦後の社会を大きく変容させたのは、産業構造の変化とそれに伴う家族のあり方である。明治期の産業革命以来、工業化を促進してきたとはいえ、全産業の中で第一次産業、中でも農業の占める割合は大きかった。一九五〇（昭和二十五）年頃までは、就業人口の五〇％近くが農業に従事していた。第一次産業の基盤の上に工業化社会が成立し、調和を保っていたと言ってよい。従って全国の人口のバランスもとれ、今日のような首都圏や大都市に人口が集中する問題は少なかった。

戦前から学歴社会の傾向は強かったけれども、大半の国民にとっては、生計を立てること、そのための体験学習が何より重要なことであった。つまり生きるための実学習が重視されていたのである。田舎では代々家業（農業、林業、商店、職人など）を継ぐことが多かった。

一九六〇（昭和三十五）年から始まる高度経済成長政策は、第二次・第三次産業を急速に発展させた。第一次産業は重労働で、生産性が低く、若年労働者にとって魅力のある産業ではなくなっていった。それでも田舎に定住し、農業を続けていくとすれば、効率化を図るために作業の機械化は避けられない。しかし中小規模の農家では、その費用は農業所得だけではまかないきれず、農業以外の所得に頼らざるを得なくなる。このことは当然兼業農家の増加という現象につながっていった。

こうして先祖伝来の田畑を守ってきたけれども、効率経済の時代の流れには抗しきれず、本来なら農家の後継者になるべき子どもたちでさえ、農業に就職することを諦め、他の産業へと流出していかざるを得なくなった。ましてや他産業から農業に転職する人を期待することは、困難な状況である。国民の総サラリーマン化現象がここにはっきりと現れてきた。

産業構造の変化は、教育の面、特に家庭教育にも大きな影響を与え、ひいては学校教育を歪める結果にもなったと言える。国民の大部分がサラリーマンになることが目標となれば、生活の安定のため大企業の社員や公務員になることが大方の青少年の目標となり親の願いにもなる。従ってそのことを達成させるためには、安定した企業や公務員への就職率の高い大学への進学が最大の目標となり、そのことはブランド大学につながる高校↓中学校↓小学校へと学校の系列化が進むことにもなった。そしてブランド大学へのベルトコンベヤーにわが子を乗せることが親の願望となっていく。

このような図式が社会に定着してしまうと、本来の人格の陶冶を目指す教育の目的から離れて、ブランド大学に何名合格させたかという数で高等学校の評価が決まり、大学進学のための予備校化を自他共に認めざるを得なくなる。教育を取り巻く環境は偏差値万能主義を生み、普通科課程高校と職業科課程高校の格差や普通科高校の中でも偏差値による序列化が促進されていくことになった。それに伴い進学塾や予備校が繁盛し、教育も企業化されていった。

偏差値が幸福の尺度に、揺らぐ家族集団

学歴中心の社会が出来上がると、親は子どもの持って生まれた本来性や個性などが見えなくなり、ただ偏差値の高い上級学校に進学させるという尺度でしか考えようとしなくなり、子どもの多様な能力を抹消してしまうことにもなりかねない。

自己の目的意識があって進学してこそ学習意欲も湧くのであって、自己の意志とは無関係に社会的風潮の中で進学し、それも偏差値によって振り分けられるのであれば、入学当初から無気力な生徒が多くなり、高校中退者の増加の原因の一つにもなってくる。大学まで無事に卒業したとしても、五〇％近くが大学卒では、ホワイトカラーになれるどころか就職することさえ保障されていないのが現状である。精神的虚しさを感じる若者が多くなるのも当然と言えよう。

少なくとも、学卒後就職を希望する青少年に職業を保障することは、国家社会の責務であり、人間の尊厳に関わることでもある。人生の大切な時期をフリーターや臨時雇用で過ごしても人間としての誇りは持てないし、国家にとっても大きな損失と言えよう。

家族集団は全ての社会集団の基礎であるから、子どもの育成には最大の責任と義務を負わなければならない。子どもは多様な能力、豊かな個性を持っているものであるが、その家族が人間の幸福の尺度を学歴だけでしか判断せずに育てるとすれば、真に悲しいことである。

生まれた子どもが「本来の自己」を発揮して、自立した成人に成長していくために家庭の果たす役割は重要である。そのためには社会の一員として生きる基本的なマナーを家庭の中で教えなければならない。一人一人の子どもの特性や個性を尊重しながら、子どもの自立のために、温かい人間形成に努めなければならない。学校は子どもの自立を援助する機能的集団であり、家庭が基本であることを忘れてはならない。その最も基礎的な家族集団が、現代では揺らいでいるのである。

憲法における家族の理念

「家」制度の廃止

旧民法で定められた家族は、代々家を受け継ぎ家を守っていくことに重点が置かれていた。故に家はそれを構成する個人の意思や心情を超越するものになり、親子の縦の人間関係が基本になっていた。結婚は当然家と家との結びつきになり、妻は夫の家に入る嫁入りと見なされた。

長男が代々家督を相続し、家を存続させていくことが何より優先されたことから、長男が重視され、女は男より地位が低かった。家の中心に家長が存在し、家長の意思は絶対であり、血族間の家と家との関係は、本家を中心に分家を形成し、すべてが縦のつながりを土台にしていた。

このような家族制度の内面を支え、上下の人間関係を理論付けたのが儒教道徳である。

しかし逆説的に言えば、「家のため」という共通目標があったために、家のために尽くすことが最高の美徳になり生き甲斐にもなって、家を存続させ、家族の崩壊を防止することになったとも言える。このような家族のあり方が、社会秩序を守る安全弁にもなっていた。縦系列の中に服従させることによって、家庭も社会も秩序を維持してきたのである。

敗戦とともに、わが国の倫理観は大きく変化した。家族の形態にしても、戦前の「家」制度を規定した旧民法は改正され、「家督相続」は廃止された。家を存続させるという重苦しい観念から解放され、家族員は初めて独立した人格が認められ自由になった。

日本国憲法は第二十四条（家庭生活における両性の平等）で次のように規定している。

第一項　婚姻は、両性の合意のみに基づいて成立し、夫婦が同等の権利を有することを基本として、相互の協力により、維持されなければならない。

第二項　配偶者の選択、財産権、相続、住居の選定、離婚並びに婚姻及び家族に関するその他の事項に関しては、法律は、個人の尊厳と両性の本質的平等に立脚して、制定されなければならない。

このように、戦後は憲法において家族の基本的な理念を示し、それに基づいて新民法で具体的に規定を定めた。

新民法の家族に関する項目を要約すると、

▽家＝夫婦が中心で、家、戸主制度が廃止された。
▽婚姻＝成年に達した男女は両性の合意のみによって成立する。
▽夫婦＝夫婦の権利は平等で、夫婦共有の財産と別々の財産を認め、夫婦の氏（姓）は協議して決める。
▽相続＝家督相続は廃止され、財産は妻が三分の一、子が三分の二を均分相続する。
▽親権＝父母が共同で行う。
▽扶養＝直系家族、兄弟姉妹は互いに扶養し、親の扶養は子どもの共同責任とする。

しかし、憲法や民法において家族のあるべき理念を示したからといって、家族の構成員がすぐにその真意を理解し、自律した人間になるわけではない。憲法や民法の表面的文言を都合のよいように解釈し、家庭を構成する個人の責任や役割については厳粛に考えようとはしない。

ある新聞に次のような実話が紹介されていた。親が高齢になり自活が困難になった時、三人の子どもがそれぞれ二、三カ月自宅でお世話をした。子どもは親切にしたつもりなのに、親はたらい回しにされたと悲観して生きる希望を失った、というのである。これは民法を文言どおり形式的に解釈し、人としての心情を無視した例であるけれども、現実はこのような考えに違和感を感じない時代になりつつある。いよいよ介護が必要になった時、遠く離れている子どもは関わろうとはせず、同居している者あるいは近くに住む子どもに負担が掛かってくることが多い。親が死亡すると、わずかの財産の相続にも民法の権利を主張し、血族の争いが起こることも珍しくない。自分が親を介護しなかったことなどには全く触れようともしない。

新民法で家督相続は廃止されたけれども、誰かが家は維持していかなければならない。家を維持するということは先祖代々の霊の供養をすることであり、親戚付き合いなど家としての形態を守っていくことである。新民法はその現実には触れず、平等の原則に立つあまり、かえって肉親の争いや家族崩壊の原因になっている面もないとは言えない。

社会を構成する一員として、家族の中で学ぶ

憲法や法は、個人が成人としての良識を持っていることを前提として制定されているけれども、現実はそうとばかりは言えない。理性的判断が必要な時、各個人の欲望の本音が姿を現し、何かで規制され管理されなければ、家族集団でさえ分裂し、崩壊の危機をはらんでいるのである。

日本国憲法と新民法によって自由と平等が保障された家族員が、戦前の家族のように家憲とか家訓などに頼ることはできないので、内面的にも外面的にも、家族員を規制する枠が乏しくなっていった。従って現代の家庭の理想は抽象的であるから、各家庭によって様々な形態が生まれてくる。憲法や民法の文言を頭では理解できても、その真髄が身についたことにはならない。そこに自由が無責任になりやすく、平等が自己中心の平等に勘違いされやすい。そして民主主義の理念が表面的に誤って持ち込まれると、ますます家庭の平和を脅かすことになってしまう。

家庭を構成する個人は、人格は平等であっても、男女の性の違い、成人した大人と未成熟な子ども、子どもの中での年齢の相違など、家族員の立場や役割、能力が違うことも事

実である。子どもの現在の姿は、子どもの責任ではなくわが国の社会環境や両親の生き方の反映である。

家族のあり方について、日本国憲法が家族の基本を本質的に平等な成人男女の婚姻においている以上、戦前のように外圧により規制されるのではなく、生まれた時から「社会を構成する一員」としての学習を重ねていくことが、重要なことである。それは両親とそれを取り巻く家族が身をもって示していけばよいことであり、その中にあって子どもは自己を育て修練を積んでいくのではないだろうか。その結果として、立場の異なる家族員が互いに温かく理解し合えるようになり、安定した家庭が築かれていくのではないのか。

外圧により家族の枠を守るのではなく、夫婦の自律と協力を基本においたのが、近代家族のモデルであり、それを保障したのが日本国憲法であり、民法である。しかしこの憲法や民法の理念を身につけさせる学習はあまりなされていないというのが現実であろう。そのことが家庭の崩壊につながり、様々な犯罪の誘引になっている面のあることは否定できないように思われる。

基礎的集団としての家族

家族集団の役割は縮小したが、重要性は増している

社会的集団を大別すると、基礎的集団と機能的集団に二分される。基礎的集団は家族・村落・民族など自然発生的集団であり、機能的集団は学校・企業・組合・政党など、一定の目的を達成するために人為的に作られた集団である。

基礎的集団は、人間が誕生して以来続く古い歴史を持っている。中でも家族集団は血の繋がりで結ばれた血縁集団で、基礎的集団の中の土台を成すものである。これに対し機能的集団の歴史は比較的新しく、早くから近代国家を形成したイギリスでも、株式会社や政党などが作られたのは十七世紀以降のことである。機能的集団が未発達の前近代社会では、家族は万能の役割を果たしてきた。宗教的機能・教育的機能・保護的機能・経済的機能・娯楽的機能など、家族集団の役割は極めて重要なものであった。

近代社会になり諸々の機能的集団が発達してくると、万能であった家族集団はその役割を機能的集団に譲り渡していき、家族集団の役割は次第に縮小していった。それでは家族の役割は消滅したのであろうか。確かに各種の機能的集団の発達により、家族集団の果たす役割は縮小していったけれども、消滅したのではない。育児・精神の安定・消費エネルギーの回復・高齢者の介護などの基本的な場は現在も家庭であり、全てを機能的集団に移行できるものではない。

現代は社会の多様化・複雑化などによって、ストレスが蓄積されやすい社会環境になり、家族集団の役割は、むしろ重要になっているとも言えよう。しかし戦後の価値観の多様化した社会の中で、家族のあり方について国民的認識が確立されているわけではなく、子どもの躾や人間としての生き方などの倫理的・道徳的な面は、戦後の社会の中では、あまり重視されてこなかった。むしろ放任され、切り捨てられた面とも言えよう。そして戦後は豊かになるという経済的側面と、そのために子どもを上級学校に進学させるという願望が突出した社会になっていった。

わが国には個人主義や自由主義の歴史は乏しく、加えて戦前が徹底した精神主義であり、全体主義であり、家庭でいえば家父長制であったがために、敗戦によってそのような重くのしかかった外圧がなくなると、個人主義を利己主義にすり替え、自由を放任と勘違いしてしまった面もあったのではないか。

長い歴史と風土の中で築かれた日本の伝統文化が全て悪かったわけではない。自然を大切にし、自然と共生する生き方、他人の心や情を重んずる生き方など、日本人が大切にしてきた倫理観までも切り捨てて、欧米の表面的な経済的合理主義（欧米文化を支えた真実の個人主義や自由主義ではなくて）を受け入れ、金銭が全てであるという拝金主義の社会を築いてきたように思われる。

政治家から一般市民まで、日本列島は次第に金銭の力によって支配される社会になっていった。確かに企業戦士となって日夜努力した国民によって、経済的には世界の人々からうらやまれる存在にはなったけれども、それと引きかえに失ったものも多いのではないだろうか。

豊かになった時代の家族の問題

基礎的集団の中で、さらにその基礎をなす家族集団を土台にして地域社会が存在し、その上部構造として国家は成り立っている。その全ての集団の基をなす家族集団が、今揺らいでいる。家庭内暴力、幼児虐待、老人虐待、果ては殺害に至るまで、凶悪犯罪が後を絶たない。あまりに多発する犯罪に感性が麻痺し、「またか」という感じになる。一般的な犯罪の中で、その発端は家庭の崩壊が原因であることが多い。

戦後も昭和三十年代頃まで、わが国の大衆は貧困であった。一般市民にとって、義務教育を終えた後の中等教育、ましてや高等教育を受けることなど高嶺の花であった。しかし貧困に喘ぎながらもよく働いた。犯罪も現在とは比較にならないほど少なく、世界で最も安全な国家であった。

昭和三十年代からの高度経済成長政策の下、経済大国に躍進し、高等教育も一般大衆に広く開放され、国民の約五〇％が何らかの高等教育を受けている時代になった。教育の普及とともに人権教育も広く実施されている。

大衆が豊かになり教育が普及し民主主義社会が進展すれば、いじめや犯罪は減少するはずなのに、逆に増加の途をたどっている。残念ながら今の日本は安全な国とは言えなくなりつつある。どこに問題があるのだろうか。それは戦後の日本の社会の形態が大きく変革する中で、家庭を構成する家族員の絆が希薄になり、基礎的集団としての役割が果たし得なくなりつつあるのも一因ではないのか。

家族集団の安定と繁栄が築かれない限り、住みよい地域社会の構築も、ましてや国家の発展も有り得ない。

人は環境の中で育つ

人間の成熟は環境による

興味深い資料として話題にされるのが「アヴェロンの野生児」と「オオカミに育てられた少女」の記録である。

「アヴェロンの野生児」は、一七九九年、パリ郊外のアヴェロンの森で十二歳ぐらいの少年（ヴィクトールと名付けられる）が発見された。発見された当時、彼の行動はほとんど動物的であった。医師イタールによる愛情こもる熱心な教育と指導によって、次第に人間らしくなっていった。簡単な文字を覚え、使い走りができるようになり、四十歳頃まで生きたとされるが、完全な人間にはなれなかった（『新訳 アヴェロンの野生児』J・M・Gイタール著）。

「オオカミに育てられた少女」は、一九二〇年、インドのカルカッタに近いゴタムリの森で二人の少女が発見された。発見者のシング牧師により彼が院長であるミドナプル孤児院に送られ、カマラ、アマラと名付けられた。発見当時、行動は動物的で孤児院の生活に馴染めなかった。カマラは七歳ぐらい、アマラは二歳ぐらいで、アマラは一年足らずで死亡、カマラは十六歳頃まで生きた。カマラはシング牧師夫妻と孤児院の中で教育を受けることにより、一年半で立てるようになり、四年で六語を覚えたとされる。その頃から食事の習慣が変わり、次第により人間に近くなっていったが、完全な人間にはならなかった（『狼にそだてられた子』アーノルド・ゲゼル著）。

野生児が人間の社会に連れ戻されて、少しずつ人間らしさを取り戻してはいくものの、どんなに熱心に教育しても完全な人間にはならなかったという記録である。このような例は、十四世紀頃からの記録を合わせると、約三十の事例があるといわれている。どれも似たような経過であるということは、人間は人間としての遺伝子を持って生まれたとしても、人間の社会環境の中で育てられることによってのみ、人間としての成熟を遂げることを教えている。人間社会の中で他の人々の行動の仕方を学び、人間らしい感性や行動の様式を身につけていくのである。

食事一つを例にとっても、我々日本人は箸を使い、欧米人はナイフやフォークを使う。

これは人間の本能ではなく、身近な人々から学んだ学習の結果である。

豊かになった時代のモラルが形成されていない

現代のわが国では凶悪犯罪が続発し、著名人のスキャンダルも後を絶たない。逮捕や起訴のニュースが大きく報道されるけれども、反省の色は微塵もない。指導者としての帝王学は、いつしか日本社会から消え失せたようである。国に対する信頼度も薄くなる。このような実情は、現代の日本を取り巻く社会環境の反映である。

戦後の歴史を表から見れば、国を富ませ国民を豊かにする経済主義に重点を置き、確かに豊かにはなったけれども、国民全体がいつしか拝金主義に陥っていった。このことは裏から見れば、日本人としての理念や社会人としての公徳心を捨て去っていった歴史であったとも言えるのではないか。

人間は一人で生きていくことはできない。共同社会を構成し、社会の一員として生きていかなければならないので、人間としてのモラルを身につけていることが前提である。人間としてのモラルは、本能として兼ね備わっているのではなく、人間社会の中で学習することにより、次第に身についていくものである。

戦後のわが国の教育は、偏差値を伸ばすことに終始し、家庭の中ではモラルを教えることにあまり重点を置かなかった。「人間は万物の霊長」であるから、放任してもモラルは自然に身につくと思っているのであろうか。人間には知能の働きがあるが故に、モラル無き人間が如何に恐ろしい結果を生むかということを、現代の凶悪犯罪は物語っている。生まれた子どもが人間として育っていくには、人として育っていく家庭環境、そして家庭を取り巻く社会全体の環境が重要である。

今の日本の社会の中では、そのような人間らしい環境が次第に乏しくなっていると言えるのではなかろうか。戦後の日本社会の歴史の集積が、現代日本の歪みを生み、その歪みの社会環境の中で、次々と事件が発生しているとも言える。

世界で最も安全な国家日本というのは、良かれ悪しかれ戦前までの歴史の中で蓄積されてきたものであった。戦後も七十年が過ぎたが、自由・平等などの言葉の概念だけが独り歩きし、豊かになった新しい時代のモラルを形成することができていない。

躾は幼児期から

未熟のままに生まれてくる人間

前項の野生児の記録は、人間としての素質を持って生まれてきても、人間社会の中で学習しなければその素質は現れず、しかも学習の時期を失ってしまうと、後でどんなに学習を繰り返しても身につかないことを実証したものである。

人間ほど、未熟な状態で生まれてくる動物はいない。牛や馬、猿などの動物は、それぞれの動物として具(そな)わっている能力を身につけ自立するのに、数カ月あればよい。しかし人間は、生まれた時は全く弱々しく無力で、目も見えず這うことすらできない。歩き始めるのに一年近くを要するし、経済的に親から独立し自活するようになるまでには、およそ二十余年の歳月を必要とする。

人間は、人間として成長する素質を内蔵していても、未熟のままに出生するが故に、その後の環境が極めて重要になってくる。その内蔵された素質は、生まれた時から幼少の期間に、人間社会の中で訓練されて初めて次第に開花していくものである。

最近は子どもを叱らない親が多くなったけれども、逆に自分の感情のままに虐待する親も増加して、社会問題になっている。両極端である。しつけは漢字では「躾」（身が美しい）と書く。人としての身のこなしが美しいということであり、理屈ではないのである。そのような身のこなしは意識的にできるものではなく、自然に身についた礼儀であり作法である。それ故子どもの基本的な躾は、出生した時から自我の目覚める前の乳幼児期・児童期の段階までに、きちんと躾けておくことが、その後の人生に重要な意味を持つことになる。

私は三十五年間、高校生に授業をし、様々な学校行事に生徒とともに関わってきたけれども、基本的生活習慣が身についていない生徒が結構多い。五十分授業に耐えられない、教科書を持ってこない、必要なことをノートに取らない、隣や前後の生徒とよくおしゃべりをする。全校集会では校長講話さえ静かに聴かない状況さえあった。注意されても、何故注意されているのかということが分からない。自分が高校生としての責任と義務を果たしていなくて注意されても、むかついて不遜な態度をとる。これは躾という面に限って言えば、幼時の時期から放任され、身体だけは成長したという状況である。

基本的生活習慣が身についていない子どもが自我に目覚め、中学生・高校生になると、体力もつき自己主張をするようになる。彼らは怖いもの知らずに育てられているので、辛抱することができず直情的行動に走りやすい。

基本的生活習慣を身につけるための躾は、中学・高校に入学してからでは手遅れである。自我に目覚め、精神的独立を達成しようとしている年頃の中学生・高校生の年代は、注意事項に率直に従おうとしない。他からの指導に従えないとなれば、自己の内面を掘り下げ自己を自覚し、自己を改革していくほかはない。しかしそれは至難の業である。だからこそ出生から幼児・児童の時期に、人として生きていく基本的なマナーを親が身につけさせてやらなければならない。幼少の時代に人としての基本的なマナーが身についていれば、それを土台に、自己を大きく成長させていくことが可能になるのではないか。

第5章
戦中・戦後の教育

明治維新後、日本が歩んだ近代国家への道と教育

教育が支えた富国強兵、殖産興業

江戸の幕藩体制から近代国家へ、明治維新はその曙である。欧米列強に肩を並べる近代国家を作るためには、欧米に伍する国民の知識・技能の習得が欠かせなくなり、政府は一八七一(明治四)年に文部省を設け、翌一八七二年にはフランス・アメリカの教育制度を参考に学制を定めた。学制は全国を八大学区に分け、大学区を三十二の中学区に、中学区を二一〇の小学区に分けて、全国に大学八校、中学二五六校、小学校五万三七六〇校の設立を目標にし、教員養成機関の師範学校を設けた。

目標どおりには実現はしなかったけれども、明治政府の教育に対する意気込みがよく現れている。

学制序文(学事奨励ニ関スル被仰出書)に、「自今以後、一般ノ人民、華士族卒農工商及婦

女子必ス邑ニ不学ノ戸ナク、家ニ不学ノ人ナカラシメン事ヲ期ス」として、特に初等教育の普及に努力した。一八七三年には、早くも全国に小学校が一万二五〇〇校設立され、児童の就学率は男子約四六％、女子約一六％と向上した。政府の教育の普及に対する並々ならぬ努力がうかがえるし、国民もそれに応えようとした。

教育の普及向上によって、近代産業の育成、資本主義の発展が軌道に乗り、明治政府の二大方針である富国強兵、殖産興業の目的が達成されていった。このように、教育の普及が近代国家の黎明（れいめい）期に果たした役割は、計り知れないものであった。しかし子どもが上級学校に進学を希望すれば、平等に教育が受けられたわけではない。能力だけではなく、経済力も教育を受ける重要な条件であった。大部分の子どもは初等教育を修了すると、生活していくために生業に就き、社会の発展に寄与したのである。その観点からすれば、戦前は教育の機会均等が保障されていたとは言えなかった。

明治以降、欧米の合理主義教育が普及していき、国家の近代化に大きな影響を与えることになるけれども、従来わが国の伝統文化の伝授法は、体験学習（身で学ぶ学習）であり、その比重は大きかった。

わが国の社会では、立身出世が人生の目標であり、それを達成した人を尊ぶ風潮が根強く、功成り名を遂げた人がまた人間的にも優れた人物だという風土も濃厚にあった。

しかし江戸時代までは職業選択の自由はなく、世襲制であり、一定の枠にはめられた身分の中での競争でしかなかった。それ故、庶民にとっては高い地位につくなど不可能なことであり、お上（かみ）は絶対であり、雲の上の存在であった。

これが明治になって身分制が撤廃され、誰もが学問をすることによって、高い地位や名誉が得られるようになれば、必然的に学校教育が何より重視され、高学歴を持つことに対して信仰に近いほどの重要性を植えつけられることになる。

それでも戦前は、国民総サラリーマン化現象はそれほど進行してなく、それぞれが親の生業を継ぎ、高学歴を積まなくても生きることのできた時代であった。それによって社会のバランスが保たれた時代でもあった。具体的に言えば、産業構成の中で第一次産業就業者の割合が高く、また職人としての社会的価値も評価され、彼らも職人としての誇りを持っていた時代であった。

伝統と欧米流がうまく調和していた戦前の教育

わが国の伝統的学習法は、長い歴史と文化の伝授の中で形作られたものであり、それは観念的・合理的なものというより、体験学習で身につけるものであった。その学習法は「形」が重視され、「形」の美が尊重された。「礼」に始まり「礼」に終わる、人の生き方としての美でもあった。「形」を学び習得した後に、やがてその個人としての天性と特色が自ずと形成され、名人とか達人の域に到達するのである。

このような学習は当然個別指導、小集団教育でなければならない。科学的・合理的カリキュラムに基づいて、短期間に大量教育をする近代の学校教育とは異なるものである。とはいえ明治になってからの学校教育の普及が、わが国の発展に与えた影響は実に大きかった。このように戦前は、欧米流の学校教育の中に、わが国の伝統的文化と学習がうまく調和されていた社会であったとも言えるだろう。

また、戦前の教育を制度の面から見れば、一八八六(明治十九)年に学校令が出され、国家を重んずる教育方針が打ち出された。このような風潮を受けて、一八九〇(明治二十三)年、大日本帝国憲法が発布され、合わせて「教育勅語」が制定され、「忠君愛国」を国民道徳の基本とする教育政策が進められた。

明治政府は、国民国家としての法を整備し、学制を整え教育の普及に全力で取り組んだ。国民もまた政府の方針に応えようとした。こうした官民一体となった日本型共同体意識が、欧米列強も驚くほどの短期間に産業革命を成功させ、近代国家へと脱皮することができた要因である。

■憲法の教育に関する理念と現実■

戦後、教育の機会均等が保障された

日本国憲法第二十六条は、第一項「すべて国民は、法律の定めるところにより、その能力に応じて、ひとしく教育を受ける権利を有する」、第二項「すべて国民は、法律の定めるところにより、その保護する子女に普通教育を受けさせる義務を負ふ。義務教育は、これを無償とする」と規定している。第二項で小学校・中学校の教育は、生存権に関わるものであるから義務教育と規定し、無償としている。

高等学校・大学は義務教育ではないので、第一項が適応されることになるけれども、現在の高校は、ほとんど義務教育に近くなっている。第一項の「その能力に応じて、ひとしく教育を受ける権利を有する」の「能力に応じて」という規定は抽象的なので、現状は「ひとしく」という教育の機会均等の規定が強調されることになる。

戦前のわが国では、本人に進学の意志があり、その能力がありながら、家庭の事情や経済的理由のために進学を断念せざるを得ない場合が多かった。その面では教育の機会均等が保障されていなかった時代であり、教育を受けることに対する渇望の時代であったとも言える。

故に戦後、憲法二十六条が制定された意義は大きい。この条規により国民は教育の機会均等が保障され、加えて一九六〇（昭和三十五）年から始まる高度経済成長や奨学金制度の充実も合わさって、本人に進学の意志があれば、戦前よりはるかに高校・大学への進学は保障されるようになった。

高度経済成長は、わが国の産業構造に大変革をもたらし、国家経済の支柱は第一次産業から第二次・第三次産業へと移行していった。このような時代背景の中で、経済界の質の高い労働力の確保という強い要望もあって、高校進学率は年ごとに向上し、高度経済成長（所得倍増）政策が達成された一九七〇（昭和四十五）年には八〇％、一九七五年には九〇％を超えた。

経済成長の成功により物質的に豊かな社会になると、本人の意志や能力とは無関係に、形だけでも高校は卒業すべきだという社会通念が出来上がっていった。昭和四十年代は高度経済成長の真っ只中で、中学卒は「金の卵」、高校卒は「銀の卵」と若年労働者が重宝がられた時代であった。卒業期の春になると、北海道・東北・九州の各地から集団就職列車が連日、東京・名古屋・大阪へと走った。

当時、私が勤務していた高校（長崎県）からも、多くの卒業生が大都市に就職していった。毎年秋になると、企業の就職担当者が進路指導室に勧誘に訪れ、三年生の就職希望者に進路説明会を実施した。とにかく卒業すれば、皆就職していった。現在では考えられない高度経済成長の時代であった。

社会通念化した学歴信仰に振り回されないために

日本社会には明治以来、学歴信仰なるものが根強よく形成されていて、サラリーマンになれば、実力があっても、学歴がなければ下積みに終わらなければならなかった。それだけに国民の中に、高い学歴を積むことに強い願望が形成されていった。しかし豊かな社会の実現とともに、法的にも教育の機会均等が保障されるようになると、高校進学は普通のことになっていった。

あまりに普通のことになると、子どもたちの学習に対する意志・意欲などに関係なく、高校を卒業することは当然のことだという社会通念が形成され、その通念に振り回されるようになる。そういう状況の中で、何となく高校に入学はしたものの、学校生活に馴染めず無気力になったり、生活が荒れてくる生徒も出てくるようになった。マスコミも中途退学者の増加を報じ、学校教育に対し問題提起はするけれども、学校が荒廃し、中退者が増加していく真の社会的原因について報道することは少ない。

高校の教科書の内容は、九年間の義務教育を修了したことを前提にして編纂されているので、ある程度は学習に取り組まなければ理解することは困難になる。学校生活に希望が持てなくなると、高校生の有り余るエネルギーは、格好をつけるための服装違反に始まり、オートバイを乗り回したり、携帯電話のメール遊び、夜遊びへとエスカレートし、学習どころではなくなっていく。

有り余るエネルギーを持つ高校生は、その発散の方法を誤り、個々人の持つ大きな可能性を修練していく機会を失い、かけがえのない大切な青春時代を無駄に過ごすことになりかねない。個人としてももったいないことであり、国家的立場からも大きな損失と言えないだろうか。

勿論大部分の高校生は、学習にクラブ活動に真面目に誠実に取り組み、学校生活を充実させているので、問題視する必要はないという考えもある。

しかし今のわが国の社会状況の中で、とにかく高校に進学すれば何とかなるだろうと入学はしたものの、その後の自分の将来の方向が見えず、毎日を何となく無為に過ごしている生徒が多くなっていることも事実である。

他からレールを引かれるのではなく、自分の主体性でもって、自分の現状と将来について考えてみてはどうだろう。そのための時間は決して無駄ではないし、時間の浪費でもない。やがて真に自律した成人になる道程になる一歩である。

甘えの構図の中で、子どもの自立が阻害される

子どもの特質が見落とされる学歴社会

私の少年期は昭和十年代後半から二十年代初期で、近所に子どもが多くてよく遊びまわった。小学校の高学年になると、家の手伝い（農業）もよくさせられた。あまり勉強はしていなかったように思う。

昭和五十年代までは、就業人口のおよそ五割が第一次産業で生計を立て、長男は家業を継ぐことが多かった。子どもは自然のうちに、家庭において生きるための術を授かり、学習を積むことができた。毎日が実務的体験学習であったのである。子どもは親の後ろ姿を見て育ち、親子の絆も生きることを通して自然に結ばれていった。

現代の社会は、国民総サラリーマン化の傾向の中で、親の職場と家庭は分離され、子どもが親の職業人として生きる姿に接することは少なくなった。親が良き職業人として家庭

を犠牲にして働いたとしても、家庭の中ではそうした父母の姿は伝わりにくい。

サラリーマンの家庭では、生業に関わる体験学習をする場はほとんど無くなり、かわって親は子どもを進学させることが最大の財産と思うようになる。現代の少子・核家族化の進行や、何かにつけて家族間の人間関係が希薄になりがちな環境の中で、子どもたちは自分の枠に閉じこもり、自己中心的になりやすい。

子ども自身も、サラリーマンになるために大学への進学を希望する。戦後は教育の機会均等が保障された時代になったため、受験競争は全国に広がり激烈になって、親は子どもを幼少の時から塾通いに駆り立てるようになった。家の手伝いをさせるとか、基本的な生活習慣を身につけさせるといった面では関心が薄くなりやすい。しかしこのような基本的な生活習慣ができているか否かということは、子どものその後の人生で無視できないことである。

子どもの性格は様々で、能力も多様であり、机上の学習を好む子もいれば、苦手な子もいる。全ての子どもが一律に学校という社会の規定の中に置かれ、机上中心の同一の学習に縛られることになるので、勉強の苦手な子や理解力の遅い子は阻害され、無気力になったり粗暴になったり、中には神経症になる子も出てくる。

親は子どもに勉強させるために過保護になり、子どもの要求を受け入れる。子どもは子どもなりに努力するけれども、成績の上下は当然出てくるし、入学試験も競争である以上、目標の学校に合格できるとは限らない。成績のみによってわが子の人生が決まるのではないことは、当然頭では理解していても、学歴社会の構図には抗しきれず、終にはわが子の特質さえ見失ってしまうことにもなる。

サラリーマンとして就職するからには学歴は無視できないし、社会の仕組みもそのようにできている。自分の成績の偏差値が思うように伸びないとなれば、希望する学校への進学を諦めざるを得なくなる。

受験ということでは厳しい状況に置かれながらも、そのことを諦めてしまえば、現在の青少年は正に自由放任に近くなる。目標なき青春の海原を浮遊することにもなりかねず、生きていくための体験的学習などが修練されていないので、少しの挫折に遭遇しても、それを越えることが困難になる。子どもには子どもなりに、年齢に応じてハードルを越えていく心身の鍛錬も必要である。甘えの構図の中では、子どもの自立的精神は育ちにくい。

生き抜く力を身につける教育が問われる

学歴に重きを置いた社会にも責任はあるけれども、わが子の真の自立と幸せについて、保護者は広い見地から考える必要があるのではないか。今の子どもは表面的には体格は向上しているけれども、精神的には甘えの構図の中で虚弱化し、直情化の傾向をたどっていると言えよう。

戦前までのわが国では、身をもって学ぶ学習（体験学習）が重視され、日本の伝統文化を支えてきた。「身学道」ともいわれる体験学習は、幼少の時から理屈を超えて体に覚えさせることにより、万人が共通して一定のレベルに到達することができた。そしてその技術で生計を立てることができるようになっていった。さらに精進すれば、達人とか名人の域に到達することもできた。子どもたちは自分の技の上達とともに、自然のうちに自立を達成し、成人への道を歩んでいった。

このような体験による学習は、戦後の高度経済成長により豊かな社会が実現されると、生産性が低く、次第に若者に敬遠されるようになった。現在問われているのは、形式的な学歴ではなくて、生きる力をつける教育ではないだろうか。

戦後再び現れた「日の丸・君が代」

「天野通達」

第二次世界大戦の後、日本の社会から一時期「日の丸・君が代」が姿を消した。これが再び表に現れてきたのは、一九五〇（昭和二十五）年十月十七日、天野貞祐（ていゆう）文部大臣が、祝日に「日の丸・君が代」をすすめる通達を出してからである。この通達は全国の教育委員会や大学に出された。

敗戦後は、学校現場からも「日の丸・君が代」が姿を消し、学校行事の中で最も重要な卒業式では、各学校オリジナルの式典が行われ、学校の特色が生かされたものになっていた。

「天野通達」から五年を経た頃から「君が代」斉唱は学校現場で少しずつ広がりはじめ、一般の儀式でも「国歌」として歌われる機会が増えていった。文部省は一九五八（昭和二十八）年九月十七日、小中学校の学習指導要領を改訂し、「君が代」斉唱の推進を学習指導要領の中に明記し告示した。

その内容は、「国民の祝日などにおいて儀式などを行う場合には、児童に対して祝日などの意義を理解させるとともに、国旗を掲揚し、君が代を斉唱させることが望ましい」というものである。「望ましい」という表現を使ってはいるけれども、実際は強制に近かった。今まで地域ごとにオリジナルな趣向で実施してきた卒業式は、「日の丸掲揚・君が代斉唱」を基本にした全国一律のワン・パターンに統一されていった。

危機感を抱いたのは日本教職員組合（日教組）で、教員統制を徹底しようとする文部省と激しく対立していった。日教組は社会党と表裏一体となって、入学式や卒業式における「日の丸」掲揚拒否、「君が代」斉唱反対の実力行使を展開し、この闘争は全国に拡大していった。

日教組が反対闘争を展開したのは、「日の丸・君が代」は、明治以来の海外進出、第二次世界大戦時の戦意高揚、将兵の徴用などに利用された忌まわしいシンボルであり、「再び教え子を戦場に送るな」というのが、大きな理由になっていた。

教員統制と日教組の拒否闘争

文部省の教員統制が厳しくなっていくにつれ、日教組組合員の拒否闘争もエスカレートしていった。文部省・教育委員会は、「日の丸掲揚・君が代斉唱」を徹底させるために職務命令を出し、それに違反すると文書訓告、懲戒戒告、中には免職処分などを強行した。

私は一九六二（昭和三十七）年から七一年までの九年間、長崎県立高校の教諭として勤務したけれども、この間は卒業式が「日の丸・君が代」で混乱することはなかった。ところが一九七一（昭和四十六）年四月に福岡県に転出してからは、予想もしない政治闘争に学校が巻き込まれていった。

一九七九（昭和五十四）年三月一日、福岡県は一斉に県立高校の卒業式を迎えたが、若松高校で「国歌斉唱」のピアノ伴奏を担当した音楽教諭が、「君が代」をジャズ風に編曲して演奏した。とっさのことで卒業式での混乱はなかったけれども、県教育委員会はこの音楽教諭を分限免職という過酷な処分にした。この事件以後、「君が代」斉唱の実施校が急速に増加していった。

当時私が勤務していた大牟田南高校に「日の丸・君が代」問題が登場したのは、翌一九八〇年の卒業式からである。三月一日の卒業式が近づいた二月二十二日、校長は職員会議を開き、卒業式で国旗を掲揚し、国歌を斉唱することを提案した。この年から県教委の強制は一層激しくなり、各学校の校長を指導して県下一斉に実施するよう強制していった。

卒業式が近づくと、連日職員会議、分会会議（日教組組合員の会議）が続いたけれども、校長は「学習指導要領に国民の祝日などの儀式には国旗を掲揚し、国歌を斉唱することが望ましい、と規定されているからである」というのが答えで、議論にはならなかった。分会会議で卒業式の国歌斉唱では、組合員は①ピアノ伴奏はしない、②起立しない、③歌わないことを確認し抵抗した。さらに、この件は教職員のみの闘いにすることも意志統一して、生徒は一切巻き込まないことにしていたけれども、多感な青春期の高校生の中には、敏感に反応して起立しない生徒が多数出た。「国歌斉唱」の伴奏はテープで流れた。

この年以来、入学式・卒業式のたびごとにトラブルが起きた。卒業式は年間行事の中で最も大切なセレモニーであり、学校が正常な状況ならば、卒業式後は教職員の祝賀会が催されるのが慣例であるけれども、それもできる状況ではなかった。学校としての和がなくなった時、人はバラバラに離散する。卒業式関連の全ての行事が終わり一休みすると、教職員はそれぞれわが家に帰っていった。気の合った同僚と小料理屋でささやかな祝杯を挙げたことを思い出す。

「日の丸・君が代」が海外侵出・戦意高揚に利用されたことは、国民全体の責任として総括されなければならないことなのに、何故学校現場だけに過酷な強制がなされたのであろうか。それは政府に「新しい国旗・国歌」制定の意図はなく、従来からの「日の丸・君が代」を、継続して「国旗・国歌」として定着させようとしたからである。また、このことは、敗戦の総括が国民全体として十分になされていないことを意味する。そして、国家権力が一律に最も統率しやすい公立学校に、文部省の強制力を利用したものである。

「新国旗・国歌」を制定するとすれば、全国民が戦争の惨禍を身をもって感じていた敗戦の時こそチャンスであったけれども、それはできなかった。何故できなかったかと言えば、敗戦のショックによって虚脱状態になった国民には、「新国旗・国歌」の制定など考える余裕などなかったというのが真実ではないのか。

国民は生きることに精一杯で、「新国旗・国歌」の制定などの世論の盛り上がらない中で、政府は従来からの「日の丸・君が代」を再び普及させようとしたと想像される。加えて占領軍が「国旗・国歌」については、日本政府に改正の圧力を掛けなかったことも、大きな理由に挙げられるのではないか。

「日の丸・君が代」に反対する社会党・日教組も、場当たり主義で、「日の丸・君が代」を推進する自民党政権に対する対症療法的反対でしかなかった。国民全体にこの問題は広がることはなく、学校現場だけの闘争に終わり、学校内に大きな亀裂を残して終わった。

「日の丸・君が代」反対闘争の激化、その後

学習指導要領の変遷と闘争の終焉

日教組が社会党と連携して、「日の丸・君が代」反対闘争を拡大させていく中で、自民党政権は、文部省を通して公立学校教職員の統制を強め、「日の丸」を掲揚し、「君が代」を斉唱させる根拠となる法の整備を進めていった。

一九七七（昭和五十二）年六月八日、文部省は改訂学習指導要領で「君が代」を「国歌」と表記し、一九八五（昭和六十）年八月二十八日、入学式・卒業式に「日の丸」掲揚・「君が代」斉唱を徹底させる通達を出した。

一九八九（平成元）年二月十日には新学習指導要領で、今までの緩やかな指導から事実上義務付けられることになった。これまでの学習指導要領では、「国旗を掲揚し、国歌を斉唱することが望ましい」となっていた。

一九九四（平成六）年六月三十日、自民・社会・新党さきがけの三党連立政権が成立し、社会党の村山富市氏が内閣総理大臣に指名された。社会党は首相を出したことから、従来とってきた基本政策を転換せざるを得なくなり、日米安保条約を容認し、自衛隊の合憲を表明した。これにより社会党の非武装中立政策は終焉し、革新政党の要としての社会党は解党せざるを得なくなった。その流れの中で村山首相は、同年七月二十日、衆議院本会議で「日の丸・君が代」容認の答弁を行った。

社会党と表裏一体になって「日の丸・君が代」反対闘争を繰り広げてきた日教組も、翌年九月三日の日教組八十回定期大会で、「日の丸・君が代」闘争から撤退する方針を採択し、文部省との歴史的和解の運動方針案を採択した。

これまで自民党政権と社会党・日教組は「日の丸・君が代」をめぐって全面対決をしてきた。管理職と教職員の亀裂は深刻になり、教職員間も賛成・反対をめぐり対立が激化した。生徒へ与えた影響も否定できない。これだけ激しい対立をしながら、結末は実にあっけなかった。「日の丸・君が代」の反対闘争で処分を受けた教職員は、裁判所に提訴し裁判所の判断に期待をつないだけれども、原告敗訴に終わっていった。

「日の丸」掲揚を許可した占領軍

「日の丸・君が代」に関しては、占領軍総司令部は比較的寛大であった。総司令部は終戦の年、一九四五（昭和二十）年十二月二十九日、「日の丸」掲揚を元日・三日・五日に限り許可し、一九四七年五月三日、日本国憲法が施行されてからは、国会・最高裁判所・首相官邸・皇居での「日の丸」の掲揚を無制限に許可した。さらに一九四八年三月一日からは、祝祭日の「日の丸」掲揚を認めている。

大日本帝国憲法改正とは対照的である。憲法改正の折は、占領軍総司令部は日本政府案（松本案）を拒否し、マッカーサー草案を有無を言わせず日本政府案にするよう強制している。憲法改正の経過からして、日本国憲法が総司令部によって与えられたものであることは否定できない。総司令部にしてみれば、日本国憲法の中核をなす、①国民主権、②平和主義、③基本的人権の尊重の三大原則を日本政府に認めさせたことにより、日本の民主化は達成されると理解し、「日の丸・君が代」はあまり重大視していなかったのではないか。もし総司令部が「日の丸・君が代」を日本帝国主義の根幹であると捉えていれば、「日の丸・君が代」に替わる新しい「国旗・国歌」についても、大日本帝国憲法改正と同様に厳しい態度で臨んだはずである。

日本政府には「日の丸・君が代」を改める意思はなく、むしろ「日の丸」掲揚、「君が代」斉唱を推進しようとした。それは前項で指摘したように、一九五〇（昭和二十五）年十月十七日の天野貞祐文部大臣の、祝日に「日の丸・君が代」をすすめる通達となって表れている。

一般大衆は「日の丸・君が代」について関心は薄く、特に「日の丸」についてはほとんど議論されることはなかった。第二次世界大戦で言語に絶する惨禍を被りながら、国民全体として総括する認識が希薄であったと言えよう。

洗い流されていった軍国のイメージ

一九六〇（昭和三十五）年の日米安保条約改定では、賛成・反対をめぐり、国内の世論が二分され一時騒然となったけれども、その後の日本経済の高度成長や東京オリンピック（一九六四年）の成功などによって、国民大衆から戦争の記憶は次第に薄れていった。そういう中で政府は、「日の丸・君が代」を戦前のように国民に定着させようとしてきた。

一九七〇年代になると、わが国は高度経済成長を成し遂げ、大阪万国博覧会（一九七〇年）、札幌冬季オリンピック（一九七二年）など文化・スポーツのイベントが開催され、政治的には一九七二年、沖縄の本土復帰や日中国交正常化などが実現していった。そういう中で否応なしに、「日の丸・君が代」が日常的に国民の前に登場してきた。そこで果たしたメディア、特にテレビの役割は決定的なものであった。ＮＨＫだけでなく、全ての民間放送局が「日の丸・君が代」の一般国民への定着化に貢献したと言ってよいであろう。それらによって、「日の丸・君が代」に象徴される軍国日本のイメージは洗い流されていった。

「日の丸・君が代」問題が国民全体のものとして深められることはなく、政府の推進の方針に従って、主な行事が開催される時には「日の丸」が掲揚され、「君が代」が斉唱されるようになっていった。しかし、国民の祝日に「日の丸」を掲揚している家庭はまれであり、年の初めの元旦でさえ珍しい。「日の丸」の旗を購入しようとしても、売っている販売店さえ見当たらないのが実情である。

学校に形式的に「日の丸・君が代」を普及させることよりも、「戦前の日本は非民主的で悪い国であった」という戦後の自虐史観のために喪失した日本人としてのプライドを再び取り戻す、中身のある教育を実施することこそ大切なのではないだろうか。

それによって国民が日本人としてのプライドに目覚め、愛国心を持つようになれば、「国旗・国歌」は自然に国民に普及していくものと思われる。

権利と義務の実践学習を

戦後の欧米型民主主義が置き忘れたこと

権利と義務は民主主義の両輪であるけれども、戦後七十年を過ぎた今日、その調和は確立されてはいない。戦前までのわが国では、社会集団が優先され、個人は社会集団の中に埋没していた。

家族は「家」を守り「家」を子孫に伝えていくものとされ、家族員は自由で自立した個人ではなかった。その家族は地域社会の様々な行事に参加し、家族集団の協力により地域社会も支えられていた。その地域社会はまた国家という最高の意志決定機関に付属する集団でしかなかった。このような縦の系列体制を支えるために、人は生まれた時から理屈ぬきに集団社会の中で訓練された。

私の子ども時代は、戦時中（一九四三・昭和十八年に国民学校〔現在の小学校〕入学）だったので訓練は徹底していた。全く無力な国民学校の低学年の頃、上級生には絶対服従で、様々な子ども会の行事では上級生の強制命令に従い行動し、学校にあっては「三歩下がって師の影を踏まず」と教えられ、当時の先生は、絶対的権威者として位置付けられていた。家にあっては、父親の逆鱗に触れないよう気を配らなければならなかった。自己を否定された環境の中で、豊かな人間性は育ちにくい。

私たちの年代はこのような社会環境の中に生まれ育てられたので、生まれながらに全体主義の体験学習をさせられていたことになる。

このような全体主義の価値観が崩壊し、欧米型民主主義が法の上から保障されたのが終戦後である。戦前の進歩主義者やリベラリストが理想として描いた社会が、終戦をきっかけに一気に実現した。そして世界の中でも類例のない平和憲法や民主的な民法を制定した。

しかし、憲法や民法に定めた家族のあり方を実現するためには、国民にその内容を理解させるだけでなく、その理念を身につけさせることが必要である。内容を頭で理解しても、我欲の強い人間が実行できるものではない。人間は社会的動物であるから、自由や権利の主張とともに、社会を構成する一員として規律を守り義務を果たさなければならない。その「権利と義務」についての実践学習に無関心であったことが、今日の様々な社会現象となって現れていると言ってよい。

戦後の国策は、日本国の真の独立国家としての国家体制の追求や日本国民としてのマナーを育てることよりも、経済を発展させることに最大の目標が置かれた。大人はより高い所得を得るために奔走した。子どもは学校に預けておけば、自然に育つと思ったのであろうか。「企業戦士」と揶揄されるような努力によって豊かにはなったけれども、金権政治を生み、国民も拝金主義に陥った。教育の普及は偏差値による選別が世間を覆い、人間教育の本質から次第に離れていった。

一九八〇~九〇年代、自分が将来やりたい職業によって高校を選ぶ傾向から、次第に普通科課程の高校を優先に選ぶ傾向になっていったように思う。義務教育ではない高校や大学に学ぶためには、授業料・教科書代・学校への諸納金・その他の諸経費など保護者の負担は多額になる。義務教育でもない高校やまして大学に多額の費用をかけ、何のために学ぶのだろうか。その目的意識が乏しくなって、何となく学校に通っているような生徒が多くなっていったように思われる。

私は現職の高校教諭時代、生活指導のため家庭訪問をした時は、生徒の部屋で懇談することにしていた。これは嫌がられることであったけれども、お願いしてできるだけ実行した。今は生徒たちはほとんど自分の部屋を持っていて、そこにはテレビがありオーディオが設置されていて、パソコンも目につく。当然携帯電話も所有している。至れり尽くせりである。大衆雑誌はあっても、高校生なら読んでもらいたいような本はあまり目に付かない。夜遅くまで電灯の灯っている子どもの部屋、勉強している子どももいるけれども、テレビを見たりパソコンゲームで遊んだり、携帯電話で友達とメールの交換もできるなど、勉強ができるような雰囲気ではない。こういう生徒が次第に多くなっていったように思う。

自分が自立し所得を得るようになってからは、自己の収入と責任の範囲内で行動することは自由であるけれども、まだ保護者の親権下にあり、将来に備えて自己を練磨していかなければならない年齢なのに、短絡的・刹那的で行動に歯止めができにくい。そこには、若者自身の責任というより、若者が希望を持つことのできない何となく不透明な現代社会の環境やメディアの報道内容、目まぐるしく変化する情報社会など様々な要因があると思われる。

日本には根付いていないヒューマニズム

欧米の文化の根底には、ヒューマニズム（人道主義）の精神が大きく流れている。このヒューマニティ（人間性）を身につけることが、人間と他の動物とを区別する重要な要素でもあるので、ヒューマニティの精神を教え込むことが欧米の教育では重視されている。

従って保護者は、かけがえのないわが子を愛すればこそ、子どもの自立のために躾を厳格に行うといわれる。それも基本的な躾は初等教育段階で終わり、自我に目覚めてくる年齢になると、自律性を尊重し、自己の行動に対して責任を持たせるというように、教育の方針が変わっていく。そこには欧米の伝統であるヒューマニズムの理性が働いている。

それだけ責任を持って家庭教育をしても、血のつながる家族集団では限界がある。そこで子どもを学校に入学させることにより、他の子どもたちと接する中から社会性を身につけさせようとする。他の子どもたちとの様々な体験を通して、利他的精神である人間らしさが育てられていく。

欧米では学校に入学しても、土台に家庭教育がしっかり根付いているので学校教育の効果も上がるけれども、わが国では両親の多忙さもあって、子どもを学校に入学させると、本来家庭でやるべき躾も学校に依存する傾向が強い。学校にさえやっていれば安心という、他人任せになりやすい。家庭の主体的教育がなければ、学校教育も効果が上がるものではない。

終戦後のアメリカ軍の占領により、日本人の日常生活はアメリカ化が進行した。しかし真の欧米文化を支えるヒューマニズムの精神を根付かせることには関心が薄かった。現代社会は、指導者から一般大衆に至るまで、自己責任を回避し自己弁護に終始する社会になり、指導者に求められる帝王学も何処かへ消えてしまったようである。

子どもの教育に関して言えば、本来家庭でしなければならない躾の面も学校が背負わされ、教師は学習指導だけでなく、生活指導・クラブ活動指導など休む暇もなく体調を壊す教師も増加している。それが教師個人の責任にされるところが問題なのである。社会・学校・家庭が有機的に連携し、お互いの役割分担ができる社会を構築しない限り、責任のなすり合いになり、わが国は真にゆとりのある物心ともに豊かな国になることはないであろう。教育だけでなく世の中のあらゆる面で、問題の真相の追究を避けて、表面的な対処療法でお茶を濁されることが大半である。それが戦後のわが国の姿である。

戦時中の青少年と戦後の青少年

人間の尊厳

正しく歴史を学ぶために

「人間は社会的動物」であり、社会集団の中でしか生きることはできない。その社会集団の中で最高の決定権を持つのが国家である。従って国家の決定する方針によって、国民はその影響を被ることになる。

私は、小学生の育ち盛りの時が戦中から戦後に当たり、食糧難に苦しんだ時代であったけれども、まだ幼少であったので戦場には行かなくてよかった。しかし私たちより年長の学生は、戦況が悪化する一九四三（昭和十八）年になると、学徒出陣（主として法文科系）により徴兵猶予が停止され、陸・海軍に入隊しなければならなくなった。さらに戦争も末期の一九四四年になると、学徒勤労令が公布され、中等学校以上の生徒・学生には軍需工場で勤労奉仕が義務付けられた。学徒動員でたまたま長崎三菱造船所に配属され、原爆投下に遭遇した学生もいた。若き航空兵の中には、特攻隊になって二十歳で人生を終わらざるを得なかった人もいた。彼らも青春を謳歌し、自分の将来に夢を膨らませたかったであろうに……。心中を察する時、その思いは言葉では語れない。

江戸時代のような封建制国家では身分制が確立していたので、与えられた身分を代々受け継ぐほかにはなかった。生まれた時から身分が固定され、職業選択の自由がなかったのである。封建制国家はそういう仕組みになっていたので従うほかはなく、選択の自由がなければ苦悩する前に諦めざるを得ない。

近代国家になっても、国家が進む方向を誤れば、国民は国家と運命を共にしなければならない。第二次世界大戦の勃発はその典型である。現代の青少年が置かれている環境は、戦時中の青少年が国家のためという大義名分のもと、運命のしからしめるままに青春を散らさざるを得なかった時代に比較すれば、雲泥(うんでい)の相違である。かけがえのない自分の人生でありながら、戦時中は自分で進路を選べない国家存亡の時代であった。その非常の時代に生を受けたのも運命というほかはない。そのような時代と比較すると、今日の平和で自由な社会がいかに尊いものであるかということである。

現代のわが国の姿は、長い過去の歴史の集積の結果であって、現在急に出現したものではない。従って私たちは、客観的事実に基づいて正しく歴史を学ぶことが肝要である。青少年が真実の歴史を学ぶことができれば、自分たちの今置かれている現状を客観的に把握できるようになるであろう。戦前に比較すれば、現在のわが国の青少年が、自らの考えによって進路を決められない状況は少なくなった。それだけ自由の中に生きているのであり、自由であればこそ様々な選択肢があり、苦悩を伴ってくる。苦悩は自由と表裏一体をなすものでもある。

自由に選択できること、人間の尊厳

二十世紀の代表的実存主義哲学者であり文学者でもあったサルトルは、徹底した自由主義者であり、自由に対する自己責任を追求した人であった。彼は「実存は本質に先行する」として、人間は何ものにも規定されない自由な存在であると結論付けた。すなわち自由な存在であるということは、人間には最終的な決定論がないのであるから、生まれた後にどんな人間になるかは、自分で決めなければならない。決定論がないということは無の中に生きていることであり、刻々と変化してやまない現代社会の中で、自分の行為を選び自分で決定しなければならないということである。当然そこに苦悩が起こり、自分の選んだ結果に対しては責任を負わなければならない。

苦悩は正に自由の代償であり、悩みながら自分の人生の方向を選べるのであるから、如何に人間が素晴らしいものであるかということである。端的に言えば、自由の中で自己責任において、それぞれの人生の選択ができることが人間の尊厳であるということであるけれども、戦時中の若者は、特攻隊となり人間魚雷となって、命を絶ち散っていかざるを得なかった。そこに人間としての尊厳性は全く認められなかった。

人生の中で最も多感で体力も充実する高校時代に、大学入試のことだけでなく、「人間としての本質」を問う思索を深めることは、将来の人生を充実したものにするために欠かせないことではないだろうか。戦後の急速な経済発展により、有り余る物質の洪水と飽食の中で、教育の面でも「人間の本質」について学び陶冶することが、いつしか空洞化されてきたように思われる。そのことが今日のわが国の犯罪多発の要因の一つになっている、と言ってもよいのではないだろうか。

参考文献

『近代日本教育史』唐澤富太郎著、誠文堂新光社、一九六八年
『重要紙面でみる朝日新聞90年　１８７９－１９６９』朝日新聞社、一九六九年
『広辞苑』（第二版）新村出編、岩波書店、一九七四年
『サルトル全集　第十三巻　実存主義とは何か』伊吹武彦訳、人文書院、一九七四年
『むもん関講話』山田無文著、春秋社、一九七六年
『人権宣言集』高木八尺・末延三次・宮沢俊義編、岩波書店、一九七八年
『新訳　アヴェロンの野生児』J・M・G・イタール著、中野善達・松田清訳、福村出版、一九七九年
『米内光政』上・下巻、阿川弘之著、新潮社、一九七九年
『狼にそだてられた子』アーノルド・ゲゼル著、生月雅子訳、家政教育社、一九八四年
『反戦大将　井上成美』生出寿著、徳間書店、一九八四年
『教科書・日本国憲法』一橋出版、一九八七年
『理解しやすい政治・経済』飯坂良明編、文英堂、一九八八年
『物語アメリカの歴史――超大国の行方』猿谷要著、中公新書、一九九一年
『総合資料日本史　地図・資料・年表』浜島書店編集部、浜島書店、一九九四年

『日本の歴史』児玉幸多・五味文彦・鳥海靖・平野邦雄、山川出版社、一九九五年
『新版 倫理・社会』勝部真長・島田一男ほか著、中教出版、一九九七年
『日本史B用語集』全国歴史教育研究協議会編、山川出版社、一九九八年
『新しい歴史教科書』西尾幹二ほか著、扶桑社、二〇〇一年
『日の丸・君が代の戦後史』田中伸尚著、岩波新書、二〇〇三年
『アメリカよ、美しく年をとれ』猿谷要著、岩波新書、二〇〇六年
『日本の近代――教養としての歴史』下、福田和也著、新潮社、二〇〇九年
『ルポ 貧困大国アメリカ』堤未果著、岩波書店、二〇〇九年
『信長――近代日本の曙と資本主義の精神』小室直樹著、ビジネス社、二〇一〇年
『戦後と高度成長の終焉』河野康子著、講談社、二〇一〇年
『盆地旦暮』高橋保明著、近代文藝社、二〇一〇年
『天皇財閥――皇室による経済支配の構造』吉田祐二著、学研パブリッシング、二〇一一年
『独立国日本のために――「脱アメリカ」だけが日本を救う』森田実著、ベストセラーズ、二〇一一年
『日本いまだ近代国家に非ず――国民のための法と政治と民主主義』小室直樹著、ビジネス社、二〇一一年
『原発はいらない』小出裕章著、幻冬舎ルネッサンス新書、二〇一一年
『日本国家再建論――国民を欺き続ける国家の大罪』中西輝政・田母神俊雄、日本文芸社、二〇一一年

『日本人はなぜ世界から尊敬され続けるのか――魏志倭人伝、ドラッカーも！　2000年前から外国が絶賛』黄文雄著、徳間書店、二〇一二年
『戦後史の正体　1945-2012』孫崎享著、創元社、二〇一二年
『日本の国境問題――尖閣・竹島・北方領土』孫崎享著、ちくま新書、二〇一一年
『現代用語の基礎知識』二〇一三・二〇一六年版、自由国民社、二〇一二・二〇一五年
『本当は憲法より大切な「日米地位協定入門」』前泊博盛編著、創元社、二〇一三年
『世界が憧れる天皇のいる日本』黄文雄著、徳間書店、二〇一四年

おわりに

わが国は極東に位置する小さな列島であるけれども、幸い海に囲まれているため、激動する国際社会の中にあっても、独立国家としての主権が守られやすかった。その歴史の中で、太平洋戦争とその敗北は国民に決定的なダメージを与え、その屈辱から今も脱出できていない。戦後たどった歴史がそのことを物語っている。

戦争に敗北すれば、戦勝国の占領と統治を受けることは当然のことであるけれども、講和が実現すれば独立国家としての主権が回復されるのが常道である。しかし戦後七十年（二〇一五年時点）が経過した今日も、わが国はアメリカ軍の駐留を公認し、安全保障は言うに及ばず、外交政策もアメリカの影響下に置かれている。経済大国になってからは、アメリカはわが国の経済政策にまで干渉するようになり、アメリカの意向を反映せざるを得なくなっていく。

その要因は、サンフランシスコ平和条約と同時に締結された「日米安全保障条約」の存在である。この条約によってわが国は独立後もアメリカ軍の駐留を許し、その駐留に必要な経費まで「思いやり予算」なる名目で負担している。沖縄は現在もアメリカ軍の〝要塞〟なのである。世界有数の経済大国となり、国連中心の平和外交政策を取りながら、このような基本的状況を許容している国は世界でも珍しい。

これでは「日本はアメリカの属国」と見なされても仕方がない。近年、「日本はアメリカの属国である」と論ずる書物が、書店でも多数見られるようになってきた。

問題点は、アメリカに対して精神的自立を失っていることである。特に外交・安全保障については、アメリカの戦略に従って行動することが国益を守ることだと思い込み、日本外交の独自性が発揮できなくなっていることである。政治家や官僚は魔法にかけられたごとく、アメリカに対しては従順である。独立自尊の精神、日本人としてのプライドは何処に失せたのだろうか。日本の国益を損なってもアメリカに奉仕しようとする政治家さえ出現する。小泉内閣の郵政民営化や規制緩和策などはその良い例である。

物質的な面においては敗戦の惨禍を乗り越え、戦前には考えられない繁栄を実現したけれども、独立自尊の精神は消失し、精神的空洞化が進んだことこそが戦後の問題点である。如何に物質的繁栄を誇っても、日本人としてのプライドが持てず、独立自尊の精神を失っては、日本人としての幸せは達成できないし、やがて独立国家としての繁栄も失われていくのではないだろうか。

メディアの任務は、国民に真実を知らせることである。しかし第二次世界大戦中は厳しい言論統制下に置かれていたとはいえ、全てのメディアが戦争遂行の最高統帥機関であった大本営の忠実なメッセンジャーになった。「神国日本、神風特攻隊、大和魂、欲しがりません勝つまでは、鬼畜米英」等々、戦意の高揚を煽り国民を誘導した。

戦後は、アメリカのマインド・コントロールによって、日本人としての魂までも骨抜きにされ、「鬼畜米英」から「親米（現実はアメリカへの従属）」へと何の抵抗もなく転生した。そして明治以来の現代史の中で、「何が、何処で、間違い、日米戦争を起こし、敗戦に至ったのか」という国民的検証が不十分のまま、経済大国になっていった。それ故、新生日本としての国家体制が不明瞭になり、多様に変化する国際社会の中で、アメリカの意向に従いながら、その時々の状況に対処療法でしか対応できない日本になっていった。

戦後の復興は、物質的・経済的復興とともに、精神的自立がなされてこそ、真の主権国家としての回復と言える。戦後は日本のエリートとしての帝王学も育たなかった。従って、国益を守るということよりも、アメリカの意向に従い、自らの地位と権力を如何にして維持していくかという党利党略をめぐらす自己中心的政治家や官僚が多くなっていった。政党間は「小異を捨てて大同につく」政治ではなく、小異にとらわれた泥試合の繰り返しを演じ、政権は短命に終わる。これで長期を見すえた国益を守る政治ができるはずがない。

結局、「日米安保条約」という網によって日本の外交と防衛は覆われているのである。これに少しでも異を唱え、アメリカ軍基地の国外移転を進めようとすると内閣は崩壊してしまう、というのが悲しい現実である。

私の思いから、古くから日本人に愛された桜を装画にしました。長女・平木清子の制作です。小学校以来の友・太田正之さんには、多忙な中、校正をしていただき感謝しています。

本書を出版するにあたり花乱社の別府大悟さん、宇野道子さんに大変お世話になりました。厚くお礼を申し上げます。

小西晟市

小西晟市（こにし・せいいち）
1936年，福岡県朝倉市に生まれる。長崎県，福岡県の県立高等学校教諭として勤務。担当教科は社会公民科（政治・経済，倫理・社会）。
1996年，定年退職。
退職後は，畑を耕し野菜を作りながら，自然との共生を心がけています。

取り戻そう日本人の自立心
アメリカの戦後支配と日本国憲法

❖

2017年4月24日　第1刷発行

❖

著　者　小西晟市
発行者　別府大悟
発行所　合同会社花乱社
〒810-0073 福岡市中央区舞鶴 1-6-13-405
電話 092(781)7550　FAX 092(781)7555
印刷・製本　モリモト印刷株式会社
［定価はカバーに表示］
ISBN978-4-905327-71-4